Sammlung von Rechtsfällen
zum Gebrauch bei Übungen

Rechtsfälle aus dem Strafrecht

Mit einer kurzen Anleitung zur Bearbeitung von Strafrechtsfällen

von

Dr. James Goldschmidt
ord. Professor an der Universität Berlin

Dritte,
vermehrte und verbesserte Auflage

Springer-Verlag Berlin Heidelberg GmbH 1930

ISBN 978-3-662-31906-2 ISBN 978-3-662-32733-3 (eBook)
DOI 10.1007/978-3-662-32733-3

Herrn

Vizepräsidenten des Kammergerichts

und Vorsitzenden des Prüfungsamts

Dr. Albert David

zur freundlichen Erinnerung

an gemeinsame Arbeit

Vorwort zur ersten Auflage.

Die nachstehend abgedruckten Strafrechtsfälle sind mit wenigen Ausnahmen[1] innerhalb der letzten 15 Jahre auf meinen Vorschlag von dem Herrn Vorsitzenden des Juristischen Prüfungsamts beim Kammergericht als Aufgaben zur Bearbeitung in der ersten juristischen Prüfung gestellt worden, und zwar die weitaus überwiegende Anzahl zur Klausurbearbeitung, die kleinere Zahl, insbesondere die mit einem * bezeichneten, zur häuslichen Bearbeitung. Die Fälle sind also in maßgeblichster Weise ausgeprobt, und da ich auf den darin liegenden Vorzug nicht verzichten wollte, habe ich die aus dieser Entstehung der Sammlung sich unvermeidlich ergebenden Ungleichheiten und Lücken in Kauf genommen. Daß keine — wenigstens pädagogisch — wichtige Materie ganz unberücksichtigt geblieben ist, glaube ich dennoch hoffen zu dürfen. Die wenigsten Fälle sind erfunden, die meisten den Entscheidungen des Reichsgerichts — freilich nicht nur den in der amtlichen Sammlung veröffentlichten —, der Zeitung, Literatur usw. entnommen. Geordnet sind die Fälle zwanglos nach den bei ihnen vorkommenden Hauptfragen im wesentlichen im Anschluß an die Reihenfolge der Gegenstände im Strafgesetzbuch. Doch ist davon abgesehen, das Hauptproblem, das bei jedem Rechtsfall gelöst werden soll, in Überschriften anzugeben. Denn anders als z. B. im Arbeits- oder Steuerrecht, greifen im Strafrecht die meisten Rechtsfälle in die verschiedensten Tatbestände ein und ist das

[1] Zu denen die mit A unterzeichneten, von Herrn Gerichtsassessor (jetzt: Landgerichtsrat) Dr. Anders (Berlin) beigesteuerten gehören.

Hauptproblem daher regelmäßig zu bestimmen, unter welchen der verschiedenen sich darbietenden Tatbestände der Fall unterzuordnen ist. Überschriften hätten entweder die Lösung verraten oder irregeführt. Eine Unterscheidung der Fälle nach ihrer Schwierigkeit ergibt sich daraus, daß die häuslich bearbeiteten Fälle grundsätzlich durch ein * kenntlich gemacht sind. Eine weitere Differenzierung verbot sich schon infolge der Entstehung der Sammlung. Da die meisten der nicht mit * bezeichneten Fälle zur Klausurbearbeitung bestimmt waren, eignen sie sich vorzugsweise zu dieser oder zur mündlichen Besprechung. Insbesondere empfehle ich sie der Selbstübung in Klausurarbeiten; die Lösung findet sich mitunter in der amtlichen Sammlung der Reichsgerichtsentscheidungen. Beigegeben ist der Sammlung eine kurze Anleitung zur Bearbeitung von Strafrechtsfällen, deren Brauchbarkeit ich in Praktikum und Prüfung erfahren habe. Auch ein Musterbeispiel ist beigefügt; doch warne ich vor seiner kritiklosen Nachahmung, da jeder Fall eine individuelle Behandlung erfordert.

Berlin, Januar 1925.

Goldschmidt.

Vorwort zur dritten Auflage.

Die Sammlung ist um 54 Fälle (Fall 52 und 142 der 2. Auflage sind gestrichen) vermehrt, die wieder mit wenigen Ausnahmen zur Bearbeitung in der ersten juristischen Prüfung gelangt sind. Zu den Ausnahmen gehört Fall 94, ein Beitrag zu „Shakespeare vor dem Forum der Jurisprudenz“. Anleitung und Musterbeispiel sind verbessert.

Berlin, Dezember 1929.

Goldschmidt.

1.* A. hat im Jahre 1890 einen Diebstahl begangen und ist dafür in Deutschland mit 2 Wochen Gefängnis bestraft worden; er hat die Strafe daselbst im gleichen Jahre verbüßt. Im Jahre 1910 hat A. eine Hehlerei begangen und ist dafür in Deutschland mit 1 Monat Gefängnis bestraft worden; er hat die Strafe daselbst im gleichen Jahre verbüßt. Im Januar 1912 gerät A. in schwere wirtschaftliche Bedrängnis. Dadurch getrieben, entwendet er dem B., bei dem er in Schlafstelle wohnt, 50 Pf. aus der verschlossenen Schublade, die er mittels Nachschlüssels öffnet. Der Vorfall wird beobachtet und sofort dem B. erzählt, doch erklärt B., von einer Strafanzeige absehen zu wollen. Im August 1912 geraten A. und B. in Streit, und nun stellt B. noch im August wegen jenes Vorfalls aus dem Januar schriftlich bei der Staatsanwaltschaft Strafantrag gegen A.

2.* A. und B. haben im Juni 1929 verabredet, den C. zu ermorden. Da das Komplott entdeckt wurde, kam es nicht zur Ausführung. Die gegen A. und B. auf Grund des § 49b StGB. erhobene Anklage gelangte erst im Oktober 1929 zur Hauptverhandlung. In dieser wandten die Angeklagten ein:

1. § 49b sei mittlerweile außer Kraft getreten, und sie könnten daher gemäß § 2 Abs. 2 StGB. nicht mehr verurteilt werden.

2. Aber auch bei anderer Rechtsansicht seien sie straflos. C. sei im Begriff gewesen, einen landesverräterischen Zeitungsartikel zu veröffentlichen. Sie hätten daher in wirklicher oder doch vermeintlicher Notwehr gehandelt.

Sind die Einwendungen begründet?

3.* Der in München wohnhafte bayerische Staatsangehörige A. hat von seinem Wohnsitz aus an die Staatsanwaltschaft des Amtsgerichts Berlin-Mitte fortgesetzt brieflich unbegründete Strafanzeigen gegen den in Berlin wohnhaften B. wegen angeblich gegen ihn begangenen Betruges gerichtet. Obgleich wiederholt abschlägig beschieden, hat A. mit seinen Strafanzeigen nicht innegehalten, sich vielmehr in seinen Eingaben zu Beleidigungen der Berliner Staatsanwälte hinreißen lassen. Er ist deshalb von dem Amtsgericht München rechtskräftig wegen fortgesetzter wissentlich falscher Anschuldigung des B. in ideeller Konkurrenz mit fortgesetzter Beleidigung (§ 185 StGB.) der Staatsanwälte des Amtsgerichts Berlin-Mitte zu 6 Monaten Gefängnis verurteilt worden. Nunmehr eröffnet wegen derselben Tat auf erhobene Anklage das Amtsgericht Berlin-Mitte das Hauptverfahren gegen A. wegen Querulierens (§§ 30, 31 Teil III Tit. 1 preuß. Allg. Gerichts-O. von 1793). Die Beweisaufnahme in der Hauptverhandlung ergibt den Tatbestand des „Querulierens". Wie ist zu entscheiden?

Wie wäre es, wenn die Münchener Verurteilung wegen einer nach bayerischem Landesrecht strafbaren Handlung erfolgt wäre, und nun das Berliner Gericht das Hauptverfahren wegen einer durch dieselbe Tat begangenen Zuwiderhandlung gegen ein preußisches Gesetz eröffnete?

4. A. lauert dem B. auf und stößt den ahnungslos Vorübergehenden mit Tötungsvorsatz in den Fluß. Bevor noch die Tat entdeckt ist, springt A. von Reue erfaßt dem B. nach und bringt ihn noch lebendig heraus. B. hat aber infolge des unerwarteten Sturzes in das kalte Wasser eine Lungenentzündung davongetragen, an der er stirbt.

5. A. und B. sind Nebenbuhler bei Bewerbung um eine Stelle. Um den Wettbewerb des B. auszuschalten, setzt A. folgenden Plan ins Werk. Da ihm bekannt ist, daß B. durch Wein leicht in eine händelsüchtige Stimmung versetzt wird, so lädt er ihn in ein übelbeleumundetes Wirts-

haus ein. Dorthin hat er den ihm als Raufbold bekannten C. bestellt, den er gegen Bezahlung verpflichtet hat, mit B. Streit zu suchen. Wie A. vorausgesehen, entwickelt sich aus dem Streit zwischen dem angetrunkenen B. und C. eine Prügelei, die aber schließlich so ausartet, daß B. dem C. ein Auge ausschlägt, das Mobiliar der Schenke zertrümmert und dem hinzukommenden Polizeibeamten, der ihn festnehmen will, tätlichen Widerstand leistet.

6.* Mit Hilfe seines Freundes F. hat M. den von ihm außer der Ehe erzeugten 6jährigen Knaben K. ermordet. Um den Verdacht von sich und seinem Freunde abzuwenden und auf den unschuldigen X. zu lenken, hat M. heimlich die Leiche des K. in die Stube des X. geschafft und dort oberflächlich verborgen. Hier wird sie von der Kriminalpolizei entdeckt. In der Hauptverhandlung gegen X. vor dem Schwurgericht sagt der als Zeuge vernommene F. eidlich wider besseres Wissen aus, er habe den K. kurz vor seiner Ermordung in die Stube des X. gehen sehen. Infolge aller dieser ihn schwer belastenden Indizien wird X. zum Tode verurteilt und hingerichtet. Nachträglich haben M. und F. ein volles Geständnis abgelegt.

7. A. und B. bewerben sich um die Gunst der C. Sie erklärt, sie wage nicht sich zu entscheiden, da sie für sich und den Bevorzugten die Rache des Verschmähten fürchte. Darauf schlagen ihr A. und B. vor, sie solle ihnen einen Trank kredenzen und in den Becher des Verschmähten Gift schütten. Nach langer Weigerung erklärt sich die C. auf das Drängen von A. und B. dazu bereit. Sie schüttet aber in beider Becher Gift, so daß beide umkommen.

Wie wäre es, wenn sie wie verabredet gehandelt und nur B. umgekommen wäre? Wäre die Beurteilung eine andere, wenn der Vorschlag von der C. selbst ausgegangen wäre?

8.* A. hat sein Stiefkind mit Tötungsvorsatz in den Fluß gestürzt. Die hinzukommende Mutter des Kindes, die Ehefrau A., läßt das Kind vorsätzlich ertrinken, obwohl sie es ohne eigene Gefahr hätte retten können.

Wie ist der Fall strafrechtlich zu beurteilen? Wie wäre er zu beurteilen, wenn die Ehefrau A. den C., der dem Kind nachspringen und es retten wollte, gewaltsam an der Rettung gehindert hätte?

Wie wäre es, wenn die A. von der Tat ihres Mannes vor deren Begehung Kenntnis gehabt, es aber unterlassen hätte, ihren Mann, obwohl sie es konnte, an der Tat zu hindern?

Wie wäre es, wenn Frau A. es unterlassen hätte, ihren Mann an Begehung der Tat zu hindern, obwohl sie es gekonnt hätte, und obwohl sie infolge der wiederholten Drohungen ihres Ehemanns annehmen mußte, daß er dem Kinde nach dem Leben trachte?

9. A. will den B. ins Zuchthaus bringen. Er reizt ihn daher auf, den C. zu ermorden, nimmt sich aber insgeheim vor, den B. bei Ausführung seiner Tat, doch noch ehe dem C. irgendein Schaden geschieht, durch die Polizei festnehmen zu lassen. Unvorsichtigerweise benachrichtigt indessen A. die Polizei zu spät, so daß, als sie auf dem Platze erscheint, C. bereits tot am Boden liegt.

10.* Zu dem im Deutschen Reich ansässigen Bankier B. kommen zwei Geschäftsfreunde, der Brüsseler Bankier X. und der Pariser Bankier Y., und schlagen ihm ein Geschäft des Inhalts vor, daß B. dem X. und Y. eine Millionenanleihe gegen hohe Zinsen und Provision zwecks spekulativen Ankaufs von Wertpapieren gewährt. B. geht auf das Angebot ein und überweist dem X. und Y. die Darlehnsvaluta. Nachdem dies geschehen ist, erfährt B., daß X. und Y. mit dem Gelde deutsche Vorkriegsanleihen aufkaufen und als Altbesitz anmelden. Da B. gewiß ist, daß er nicht nur den aus dem Geschäft zu erwartenden Gewinn, sondern sogar sein Kapital einbüßen wird, wenn das Unternehmen des X. und Y. vereitelt wird, so sieht er von einer Anzeige ab und läßt der Angelegenheit ihren Lauf. Nachdem das Deutsche Reich bereits erheblich geschädigt ist, wird schließlich das Treiben des X. und Y. entdeckt.

11.* Auf meinem täglichen Spaziergang am Ufer des Landwehrkanals sehe ich, wie ein Selbstmordkandidat sich ins Wasser stürzt. Ich springe ihm nach, erfasse ihn, betäube ihn, da er sich verzweifelt zur Wehr setzt, durch einen Schlag auf den Kopf und ziehe ihn ans Ufer. Der wider Willen Gerettete stellt gegen mich Strafantrag wegen Nötigung und Körperverletzung.

Wie wäre es, wenn der Gerettete infolge des Schlages in Geisteskrankheit verfallen wäre?

12. A. will sich das Leben nehmen. Seinem Freund B. gelingt es, ihm den dazu bestimmten Revolver aus der Tasche zu nehmen. A. entreißt dem B. jedoch die Schußwaffe wieder mit Gewalt. Hierbei entlädt sich der Revolver und B. wird tödlich verletzt.

13. A. greift den B. mit einem Messer an. B. gibt auf den Angreifer einen Schuß ab, durch welchen er diesen am Oberschenkel verletzt und niederstreckt. In seiner Aufregung schießt B. wild weiter um sich und tötet dadurch nicht nur den A., sondern auch den ganz unbeteiligten C.

14. A. hat den ihm unbekannten B. beim Diebstahl auf frischer Tat betroffen. Da B. mit den dem A. entwendeten Sachen flieht, ruft A. in der Absicht, dem B. die Beute abzunehmen und ihn festzunehmen, indem er sein Gewehr in Anschlag bringt, dem B. nach: „Steh, oder ich schieße!" Trotzdem setzt B. seine Flucht fort, wird aber durch das wider Willen des A. losgehende Gewehr tödlich getroffen.

15. Ein Gutsbesitzer gibt seinem Förster den Auftrag, auf einen Wilderer, der des Nachts im Revier umherstreift, zu fahnden. Ohne dem Förster Mitteilung zu machen, begibt sich der Gutsbesitzer ebenfalls des Nachts auf die Suche. Er trifft auf den Förster und, da er nicht erkennen kann, wen er vor sich hat, so bringt er für alle Fälle sein Gewehr in Anschlag. Der Förster seinerseits zweifelt nunmehr nicht daran, daß die Gestalt vor ihm der Wilddieb ist, und daß sich dieser gerade anschickt, auf ihn zu schießen.

Er legt an, wird aber, noch ehe er abdrücken kann, von dem Gutsbesitzer erschossen.

(In Anlehnung an HELLWIG, Zivilrechtsfälle, 3. Aufl., 1910, Nr. 62.)

16.* Das deutsche Schiff Gigant ist auf hoher See mit einem Eisberg zusammengestoßen und befindet sich im Sinken. Der Kapitän hat, altem Seemannsbrauch entsprechend, angeordnet, daß zuerst die Frauen und Kinder in die Rettungsboote aufgenommen werden sollen. Nichtsdestoweniger drängen einige männliche Passagiere Frauen und Kinder zurück und versuchen sich mit Gewalt Aufnahme in einem Rettungsboot zu verschaffen. Sie setzen auch den Schiffsoffizieren, welche sie hindern wollen, gewaltsamen Widerstand entgegen. Da werden sie endlich von einem Schiffsoffizier, da kein anderes Mittel bleibt, niedergeschossen.

Wie ist der Fall strafrechtlich zu beurteilen?

Wie wäre er strafrechtlich zu beurteilen, wenn die sich vordrängenden Männer Mitglieder der Schiffsmannschaft gewesen wären?

17. Der Führer des deutschen Luftschiffes X. entdeckt bei der Überfahrt von Europa nach Amerika mitten auf dem Atlantischen Ozean den blinden Passagier Y. Ist X. nach deutschem Strafrecht strafbar, wenn er Y. über Bord wirft? Ist er es auch dann, wenn er Y. wegen Überlastung des Schiffes über Bord wirft? Wie ist es, wenn er Y. für die Dauer der Fahrt in eine Kabine einsperrt? Wie ist es, wenn er Y mit der Drohung, ihm sonst keine Nahrung zu verabfolgen, zur Leistung von Arbeiten anhält?

18. Der Schreiner L. drang eines Nachts in das Zimmer seines Untermieters, des Schneiders S., mit dem er in erbitterter Feindschaft lebte, nachdem er die Tür des Zimmers gewaltsam erbrochen hatte, und stürzte sich auf den aus dem Bette gesprungenen S., um ihn zu erwürgen. S. ergriff einen Stock, schlug auf L. ein, traf aber nicht L., sondern dessen Ehefrau, die sich an ihren Mann geklammert hatte, um ihn zurückzuhalten, und schlug ihr ein Auge aus.

Macht es bei Beurteilung des Falles einen Unterschied, wenn S. mit der Möglichkeit, die Frau statt des L. zu treffen, gerechnet hat?

19. Der Briefträger B. lebte mit seinem Schwager S. in Feindschaft. Dieser hatte ihm schon wiederholt gedroht, ihn bei seiner vorgesetzten Behörde zu denunzieren und um seine Stelle zu bringen. Als eines Tages B. sich zum Bahnhof begab, um den dort befindlichen Briefkasten zu leeren, fuhr S. auf einem Fahrrad an ihm vorbei, zeigte ihm grinsend einen Brief, den er dann in den Briefkasten am Bahnhof warf. Bei der Entleerung des Kastens fand B. einen von der Hand des S. herrührenden Brief an die Oberpostdirektion. Da er vermutete, daß dieser Brief die angedrohte Anzeige enthalten werde, öffnete er ihn in seiner Erregung. In der Tat enthielt der Brief die gänzlich aus der Luft gegriffene Beschuldigung, daß B. die Post bestehle. Nach genommener Kenntnisnahme verschloß B. den Brief wieder unter Anwendung von Leim und lieferte ihn an die Post ab. Doch kam die Eröffnung des Briefes durch B. zur Kenntnis der Behörde.

20.* a) Der Bauerngutsbesitzer A. empfindet die Entrichtung der auf seinem Gut haftenden Altenteilsleistungen an B. als schwere Last. Um sich des B. zu entledigen, setzt er folgenden Plan ins Werk.

Er reizt den B., ihn — den A. — anzugreifen, und schießt dann den B. in der Notwehr nieder. Ist A. strafbar?

b) Wäre A. strafbar, wenn er den B. gereizt hätte, den C. anzugreifen, damit dieser den B. in der Notwehr erschieße, und dieser Erfolg tatsächlich eingetreten wäre?

c) Würde die Entscheidung in dem Falle a und b anders ausfallen, wenn B., wie A. wußte, geistesschwach war?

21. Der Kriminalschutzmann X. faßte, um seiner vorgesetzten Behörde seine Tüchtigkeit zu beweisen, folgenden

Plan, in den er den Vigilanten Y. einweihte. Y. sollte den ihm bekannten Z. durch Überredung dazu bestimmen, aus dem Hause des reichen Kaufmanns K. mittels Einsteigens zu stehlen. X. wollte sich dann in der Nähe des Hauses aufstellen, dem einsteigenden Z. nachsteigen, ihn mit seiner bereitgehaltenen Pistole durch einen Schuß in den Arm verletzen und noch vor Vollendung des Diebstahls festnehmen. Y., durch X. eingeschüchtert, versprach seine Mitwirkung und die Ausführung erfolgte plangemäß.

22. A. geht durch den Wald. Da sieht er hinter einem Baum seinen Feind B. stehen. Schnell entschlossen schießt A. kaltblütig mit Tötungsvorsatz den B. nieder. Der sterbende B. erklärt dem A. zu dessen Überraschung, daß er selbst hinter dem Baum auf den A. gelauert und schon sein eigenes Gewehr in Anschlag gebracht habe, um den A. zu erschießen.

23. Die Ehefrau des A. hat sich die Leibesfrucht abgetrieben. Ihr Ehemann hat ihr die Mittel dazu verschafft. Erwiesenermaßen hat gelegentlich einer früheren Entbindung der Frau A. der Arzt den Ehegatten erklärt, daß eine erneute Entbindung mit schwerer Lebensgefahr für Frau A. verbunden sein würde. Ob dies wirklich der Fall wäre, darüber gehen in der Hauptverhandlung die ärztlichen Gutachten auseinander.

Wie wäre es, wenn dies zwar wirklich der Fall, den Eheleuten aber unbekannt gewesen wäre?

24. Die Tagelöhnerin A. wohnte mit ihrem alten Vater und ihren vier kleinen Kindern in einem baufälligen, einsturzdrohenden Hause. Alle ihre Bemühungen, von dem Gemeindevorsteher die Zuweisung eines anderen Unterkommens zu erlangen, waren vergeblich gewesen. Als eines Tages ein Teil der Wand heruntergefallen war, setzte die A., nachdem sie vorher ihre Angehörigen und ihren Hausrat aus dem Hause entfernt hatte, dieses in Brand, da sie das Abbrennen des Hauses für den einzigen Weg hielt, die Zuweisung eines anderen Unterkommens zu erzwingen.

25. A., B. und C. haben gemeinsam (in nicht rechtsverjährter Zeit) vor Jahren schwere Einbrüche begangen. Eines Tages kommen B. und C. zu A., der in der Zwischenzeit wieder ein anständiges Leben geführt hat, und fordern ihn auf, ihnen die Beute aus einem soeben begangenen Einbruch abzukaufen. Als A. sich hartnäckig weigert, drohen die beiden ihm mit der Anzeige seiner früheren Straftaten. A. gibt ihnen nunmehr eine Summe Geldes als Darlehen, wofür sie einen Teil der Einbruchsbeute „zum Pfande“ ihm überlassen. Vor Gericht (angeklagt, weswegen?) führt er aus: er habe sich in einem Notstande befunden. Er leide an schwerster Lungentuberkulose. Daher hätte die Vollstreckung der mehrjährigen Zuchthausstrafe, die er wegen der früheren Straftaten zu erwarten gehabt habe, mit Sicherheit seinen schleunigen Tod herbeigeführt.

26. Der Bahnwärter H. stand vor seiner Wärterbude auf Posten. Da sah er zu seinem Entsetzen, wie sein zweijähriges Kind gerade in dem Augenblick, als der Schnellzug heranbrauste, auf das bedrohte Gleis lief, ohne daß es die nacheilende Mutter zurückhalten konnte. Da kein anderes Mittel zur Rettung des Kindes blieb, riß H. schnell die Weiche herum. Der Zug fuhr auf ein anderes Gleis, stieß aber, was H. vorausgesehen hatte, einige hundert Meter weiter mit dem ihm auf diesem Gleis entgegenfahrenden Güterzug zusammen. Die Folgen des Zusammenpralls waren furchtbar. Insbesondere kamen zahlreiche Menschen ums Leben.

27. Lammfromm ist vom Schwurgericht unschuldig zum Tode verurteilt worden. Eine Stunde vor der Hinrichtung bringt ihm der Wärter die Henkersmahlzeit. L. erschlägt den Gefangenwärter mit seinem Sitzschemel. Erneut vor ein Schwurgericht wegen der Tötung des Wärters gestellt, macht L. geltend, in dem ersten Schwurgerichtsverfahren unschuldig verurteilt, habe er sich, nachdem alle prozessualen Hilfsmittel versagt hätten, in einem Notstande

befunden, die Tötung des Wärters sei das einzige Mittel gewesen, die Hinrichtung hintanzuhalten.

1. Darf das Schwurgericht bei der Urteilsfällung die Feststellung zugrunde legen, L. sei bezüglich des ersten Mordes unschuldig?

2. Ist der Einwand des Notstands im übrigen richtig?

28. A., B. und C. machen in den deutschen Alpen eine Hochtour. Sie gehen angeseilt. Beim Überschreiten des Gletschers brechen A. und B. ein. C. gelingt es eine Zeitlang, A. und B., die in der Gletscherspalte hängen, mittels des Seils zu halten. Als schon das Seil dem C. den Atem abzuschneiden beginnt, kommt der ihm unbekannte D. hinzu. Vergeblich bemühen sich C. und D., A. und B. herauszuziehen. Um wenigstens den C. vor dem drohenden Sturz zu bewahren, reicht D. dem C. sein Taschenmesser, mittels dessen C. das Seil durchschneidet. A. und B. stürzen hinab und kommen um.

Wie ist der Fall strafrechtlich zu beurteilen? Wäre es anders, wenn D. ohne vorherige sonstige Rettungsversuche sein Taschenmesser nur darum dem C. zum Durchschneiden des Seils gereicht hätte, weil er in dem A. seinen Nebenbuhler um die Liebe eines Mädchens erkannte?

29. Der Fabrikant F. befand sich in Zahlungsschwierigkeiten. Eines Tages verlangte er von seiner Ehefrau, sie solle auf einem von ihm auf seinen Kunden K. gezogenen Wechsel dessen Akzept fälschen. Als Frau F. sich weigerte, zog F. einen Revolver hervor, setzte ihn sich an die Schläfe und erklärte seiner Frau, er werde sich sofort vor ihren Augen erschießen, wenn sie seinem Verlangen nicht willfahre. Darauf setzte Frau F. tatsächlich das Akzept des K. auf den Wechsel, den F. schleunigst bei dem Bankier B. diskontierte. Der Wechsel ist weder von K. noch von F. eingelöst worden.

30. Der Wagenführer A. ist mit Pferd und Wagen auf dem Fußsteig gefahren, nachdem sein Pferd auf der vereisten Fahrstraße gestürzt war und er einen abermaligen Sturz und damit eine Beschädigung des Pferdes als wahrscheinlich voraussehen mußte. A. hat dafür eine polizeiliche Strafverfügung wegen Übertretung der Straßenpolizeiverordnung erhalten. Steht ihm dagegen ein Rechtsbehelf zu? Wird der Rechtsbehelf begründet sein?

31. Der Arzt Dr. A. wurde zu seiner verheirateten Tochter gerufen, die in schweren Geburtswehen lag. Er befahl dem Führer seines Kraftwagens C., so schnell wie möglich zu fahren, da unmittelbare Lebensgefahr bei seiner Tochter vorliege. C. gehorchte, obwohl er wußte, daß er dadurch die auf Grund der Kraftfahrzeugverkehrs-VO. polizeilich vorgeschriebene Geschwindigkeit überschritt und sich danach nach dem Gesetz betreffend den Verkehr mit Kraftfahrzeugen strafbar machte. Ein Polizist brachte A. und C. zur Anzeige.

32. Der Kraftwagenführer K. suchte den vor ihm fahrenden Kraftwagen des A. zu überholen. Aber A. fuhr, der vielfachen Löcher auf der rechten Straßenseite wegen, wiederholt auf die linke Seite. Trotzdem machte K. noch einmal einen Überholungsversuch. Da aber auch in diesem Augenblick A. wieder nach links fuhr, mußte K. mit aller Gewalt bremsen, so daß sein Fahrzeug sich überschlug und er selbst tödlich verunglückte.

33. A. und B. beschließen bei C. einzubrechen. A. zertrümmert nächtlich die Tür, durch die beide in das abgelegene Haus des C. eindringen. Sie treffen den C. im Bett liegend und fordern von ihm unter Vorhalten einer Pistole Geld. C. sagt in seiner Bedrängnis, er habe kein Geld, A. und B. sollten doch zu seinem Nachbarn N. gehen; dieser schlafe in einem Zimmer des Erdgeschosses bei offenem Fenster und bewahre sein Geld in einem in seinem Schlafzimmer stehenden Schreibtisch auf. In der Tat lassen A. und B. von C. ab, dringen durch das offene Fenster in das Schlafzimmer des N. ein und töten den sich zur Wehr setzenden N., ergreifen dann aber, ohne etwas zu entwenden, die Flucht.

34. A., B., C. und D. beschlossen gemeinsam den Tod des ihnen mißliebigen X. Das Los, den X. zu töten, traf den A. Nachdem einige Zeit vergangen war, ohne daß A. die Tat ausgeführt hatte, begaben sich zu verschiedenen Zeiten nacheinander B., C. und D. zu A., um ihn an sein Versprechen zu erinnern. Erst dem D., der Drohungen anwandte, gelang es, den A. gefügig zu machen. Er willigte ein unter der Bedingung, daß die übrigen ihm helfen würden, den Leichnam des X. zu beseitigen. Dies sagten ihm B., C. und D. schließlich zu. Die Tat wurde in der Weise ausgeführt, daß A. den X. eines Abends auf einem einsamen Parkwege niederschoß und mit Hilfe von B., C. und D., die sich in der Nähe bereithielten, den leblosen Körper des X. in den Fluß warf. Die Öffnung der Leiche des X. ergab, daß der Tod nicht infolge der Schußverletzung, sondern erst durch Ertrinken herbeigeführt worden war.

35. Vor dem Postamt in X. stand der Sicherheitspolizist A. nachts Posten. Da erschienen die dem A. bekannten übel beleumundeten B. und C., teilten dem A. mit, daß sie beabsichtigten, die Postkasse zu plündern, und versprachen ihm einen Teil der Beute, wenn er sie gewähren ließe. Da A. es für angezeigt hielt, B. und C. ihres Verbrechens zu überführen, ging er zum Schein auf den Plan ein. B. und C. stiegen nun durch das Fenster des Postamts ein, erbrachen die Postkasse, händigten dem A. einen Teil des entwendeten Geldes aus und verschwanden mit dem Rest. Sobald A. abgelöst wurde, erstattete er sofort Anzeige und lieferte das empfangene Geld seiner vorgesetzten Behörde ab. B. und C. wurden bald darauf festgenommen, ohne daß es aber gelang, das gestohlene Geld bei ihnen zu ermitteln.

36. Als der A. eines Abends in einer verrufenen Gegend ein dunkles Seitengäßchen passierte, wurde er von einem wenig vertrauenerweckenden Individuum angerannt, das ohne ein Wort der Entschuldigung seinen Weg fortsetzte. Nichts Gutes ahnend, griff A. sofort nach seiner Westentasche, und da er hier seine Uhr nicht mehr vorfand, lief er eiligst dem Unbekannten nach, entriß dem sich heftig Sträubenden mit Gewalt — wie er meinte — sein Eigentum wieder und verabfolgte ihm noch eine Tracht Prügel. Nach Hause zurückgekehrt, mußte A. sich zu seinem Entsetzen überzeugen, daß er seine Uhr versehentlich auf dem Nachttisch hatte liegen lassen, und daß er daher einen Unschuldigen geschlagen und eine fremde Uhr weggenommen hatte.

37. A. hatte seinen Feind B. auf der Straße angefallen. Es kam zu einer Schlägerei zwischen den beiden. Der hinzukommende C., der mit dem A. befreundet war, hielt diesen für angegriffen und griff zu seinen Gunsten ein. Durch einen Schutzmann wurden die drei getrennt und zur Wache gebracht. Hier stellte man fest, daß keiner erhebliche Verletzungen erlitten hatte. Ein Strafantrag wurde nicht gestellt

38. A. hat nach dem Tode seiner Ehefrau die ihm von dieser mit in die Ehe gebrachte Tochter, die 22jährige B., geheiratet und nach der Eheschließung mit ihr geschlechtlich verkehrt. Angeklagt (weswegen?) berufen sich der A. und die B.:

1. auf die Tatsache der zwischen ihnen bestehenden Ehe;
2. auf ihren guten Glauben, daß sie

a) das zwischen ihnen bestehende Ehehindernis überhaupt nicht oder doch

b) nicht zur Zeit ihrer Eheschließung gekannt, oder daß sie doch

c) sich als Eheleute zum Geschlechtsverkehr für berechtigt und sogar verpflichtet gehalten hätten.

39. A. zeigt seinem 12jährigen Sohne Karl einen Vorübergehenden. Er sagt ihm, es sei der B., der mit A. verfeindet ist, und veranlaßt ihn, dem B., wenn er ihn das nächste Mal auf der Straße trifft, „Schafskopf“ nachzurufen. Karl tut dies am nächsten Tage, als C. ihm begegnet.

Wie ist A. strafrechtlich zu beurteilen unter der Annahme,

a) daß er am Tage zuvor den C. mit B. verwechselt hat,

b) daß sein Sohn Karl beide Personen verwechselt hat? (A.)

40. A. will den B. zum Selbstmord treiben. Er erzählt dem ihm als sehr empfindlich bekannten B. der Wahrheit zuwider Äußerungen des Vorgesetzten des B., des Prokuristen P., welche die Ehre des B. aufs schwerste verletzen, und aus denen sich ergibt, daß die alsbaldige Entlassung des B. aus seiner Stellung bevorsteht. B. gerät in die größte Erregung und kauft sich mit Wissen und Billigung des A. eine Pistole, mit der er sich im Geschäftslokal erschießen will. Am nächsten Morgen, als ihm P. verdientermaßen eine Vorhaltung macht, greift B. zur Pistole, erschießt aber nicht, wie A., der die Vorhaltungen des P. mit Billigungsworten begleitet hatte, annahm, sich selbst, sondern den P.

41.* Einem Burschen werden 20 M. versprochen für den Fall, daß er einem Schießbudenfräulein eine Glaskugel aus der Hand schießt, ohne das Mädchen zu verletzen. Er kennt sich selbst als unsicheren Schützen und sagt sich: mit größter Wahrscheinlichkeit werde ich dem Mädchen in die Hand schießen, aber dann mache ich mich einfach aus dem Staube; gelingt mir's aber am Ende, die Kugel zu treffen, so sollen mir die 20 M. ein guter Fang sein. Das Schießbudenfräulein, das den Burschen für einen sicheren Schützen hält, läßt sich zu der Probe bereit finden. Der Schuß geht fehl und verletzt das Mädchen an der Hand.

Wie ist der Bursche strafrechtlich zu beurteilen? Wie der, welcher ihn zu dem Experiment bestimmt hat?

(Nach Lacmann, ZStW. XXXI, 159.)

42. Die Ehefrau A. unterhält ein Liebesverhältnis mit dem X. Um den X. heiraten zu können, drängt sie ihn, ihr ein Gift zu verschaffen, mit dem sie ihren Ehemann beiseite schaffen könnte. In der Tat übergibt X. der A. ein Pulver, von dem die A. ihrem Manne in das Essen mischt. Als aber der Ehemann A. erkrankt, wird die A. von Reue erfaßt, flößt ihrem Mann als Gegengift Milch ein und erstattet gegen sich selbst und den X. Strafanzeige. Es ist indessen dem festgenommenen X. ein leichtes, zu beweisen, daß er der A., um sich vor ihr Ruhe zu verschaffen, ein harmloses Brompulver gegeben hat, und daß die — übrigens bald gehobene — Unpäßlichkeit des Ehemannes A. auf einer anderen Ursache beruht.

43. Die beiden Wilddiebe X. und Y. wollen den Förster A. ermorden. Da sie wissen, daß A. jeden Abend einen der beiden von dem Forsthaus nach dem Dorf führenden Wege passiert, so besetzt jeder von ihnen einen dieser Wege. A. passiert den von X. besetzten Weg und wird von diesem erschossen. Wie ist Y. strafrechtlich zu beurteilen?

44. Die A. bestimmte den Hausdiener B., welcher bei ihr in Schlafstelle wohnte, aus der Fabrik, in der er angestellt war, fortgesetzt Material und Arbeitsgerät zu entwenden und mit nach Hause zu bringen. Hier nahm die A. mit Zustimmung des B. die entwendeten Gegenstände an sich, verkaufte sie und verwandte den Erlös für sich. Das Treiben beider wurde entdeckt und Strafanzeige erstattet. Im Verlauf der Ermittelungen wurde festgestellt, daß B. schon zur Zeit der Begehung der Entwendungen geisteskrank gewesen war.

Wie ist die A. strafrechtlich zu beurteilen, wenn sie den B. für geistig gesund gehalten hat?

45. A. machte den 18 Jahre alten Lehrling L. des Kaufmannes K. den Vorschlag, gemeinsam bei K. zu stehlen. L. ging auf den Vorschlag ein und händigte dem A. auf dessen Verlangen den Schlüssel des Ladens des K. aus, damit A. bei einem Schlosser einen Nachschlüssel anfertigen lasse. L. bereute bald darauf sein Verhalten. Er ließ sich von dem Schlosser den Schlüssel zurückgeben und von A. versprechen, nichts gegen K. zu unternehmen. Aber dem K. war es von vornherein mit seinem Versprechen nicht ernst. Er führte allein unter Benutzung des ihm von dem Schlosser gelieferten Nachschlüssels einen Diebstahl im Laden des K. aus.

46. A. und B. hatten dem X. Briefe geschrieben, welche, wie sie fürchteten, den Tatbestand des § 49a StGB. er-

füllten. Sie wünschten, sich wieder in den Besitz der Briefe zu setzen, und zwar sollte dies in der Weise geschehen, daß in Abwesenheit des allein wohnenden X. A. sich mittels eines Nachschlüssels Eintritt in die Wohnung des X. verschaffte und die Briefe entwendete, während B. auf der Treppe Wache stehen sollte. Aber kaum hatte A. die Wohnung betreten, als B., von Reue erfaßt, seinen Posten auf der Treppe verließ und sich entfernte. A., der davon nichts wußte, suchte unterdessen, im Vertrauen auf eine Sicherung vor Überraschung, die Briefe. Da er sie nicht fand, nahm er statt dessen einige dem X. gehörige Wertsachen und Flaschen Wein mit sich. Letztere wurden am folgenden Tage von A. und B. gemeinsam ausgetrunken. Die Wertsachen behielt A. allein.

47.* A. forderte unter Versprechen einer Belohnung den B. auf, den X. zu erschießen. B. nahm die Aufforderung an. Gleichzeitig ersuchte A., unter Mitteilung des Zweckes, den C., den zur Ausführung der Tat nötigen Revolver zu besorgen. C. kam dem Ersuchen nach. Indessen hatte sich A. mittlerweile anderweit einen Revolver verschafft und schickte dem C. den ihm von diesem besorgten Revolver zurück. A. händigte nunmehr dem B. den beschafften Revolver zur Ausführung der Tat aus. Indessen war B. inzwischen anderen Sinnes geworden und weigerte sich, die Tat auszuführen. Darauf verlangte A. von B. seinen Revolver zurück mit der Erklärung, selbst den X. erschießen zu wollen. B. trug zunächst Bedenken, dem A. den Revolver zurückzugeben, ließ sich aber schließlich dazu bereit finden, da A. auf sein Recht an dem Revolver hinwies. A. hat darauf mit dem Revolver den X. erschossen.

48. A. und B. verabreden einen gemeinschaftlichen Überfall auf ein Juweliergeschäft. Zu diesem Zweck besorgt B. einen Feuerwerkskörper, der nach verübter Tat im Geschäft zur Explosion gebracht werden und die Verfolgung hindern soll. Nachträglich kommen dem B. Bedenken, und er erklärt, sich an der Ausführung nicht beteiligen zu wollen. Als das die Braut des A., die C., hört, erklärt sie, sie werde sich an B.s Stelle an dem Überfall beteiligen. In der Tat dringen A. und die als Mann verkleidete C. in das Juweliergeschäft ein. Während die C. die Angestellten mit einem Revolver in Schach hält, rafft A. zusammen, was er in der Eile erreichen kann. Darauf bringt A. den von B. besorgten Feuerwerkskörper zur Explosion, und unter dem Schutze der Rauchentwicklung und des Schreckens des Geschäftspersonals gelingt es A. und der C. zu entkommen. Die Beute wird zwischen beiden geteilt.

49. A. fordert den B. brieflich auf, den H. zu ermorden. B. nimmt die Aufforderung — gleichfalls brieflich — an. Im Begriff, dem schlafenden H. den schon erhobenen Dolch ins Herz zu stoßen, wird B. von Reue erfaßt und gibt die Ausführung freiwillig auf.

50. Ein Student hatte im Jahre 1925 an den Rektor schriftlich ein Gesuch um Gewährung von 100 M. aus dem Unterstützungsfonds gerichtet. Er führte zur Begründung seiner Bitte an, er habe ein Verhältnis zu einer Dame aus guter Familie, das nicht ohne Folgen geblieben sei, und benötige das Geld, um seiner Geliebten die Leibesfrucht abtreiben zu lassen.

51.* A. hat den B., um ihn auf die Probe zu stellen, unter Versprechen einer Belohnung aufgefordert, den X. zu ermorden. B. hat die Aufforderung angenommen, sich dabei aber insgeheim vorgenommen, sie nicht zu befolgen.

Wie ist der Fall zu beurteilen?

Wie wäre es, wenn die Aufforderung des A. in erkennbarem Scherz an B. gerichtet gewesen, von diesem aber aus Mißverständnis für Ernst gehalten und ernstlich angenommen wäre?

Wie wäre es, wenn B., um den A. auf die Probe zu stellen, sich diesem gegenüber erboten hätte, gegen eine Belohnung den X. zu ermorden und A. dieses Erbieten angenommen hätte? Wäre es anders, wenn B.s Erbieten ernstlich gemeint, die Annahme des A. aber in erkennbarem Scherz erklärt wäre?

52. Bei der gleichzeitig stattfindenden Reichs- und Landtagswahl waren für einen Abstimmungsbezirk A., B., C., D., E. und F. zum Wahlvorstand, und zwar A. zum Wahlvorsteher, B. zum Schriftführer und die übrigen zu Beisitzern bestellt. Bei der Auszählung der Stimmzettel für die Reichstagswahl vertauschte F. eine Anzahl von Stimmzetteln, die auf Wahlvorschläge für die Landtagswahl lauteten, von den Wählern aber aus Versehen in einen für die Reichstagswahl bestimmten Umschlag gesteckt worden und infolgedessen ungültig waren, durch entsprechende, auf Reichstagswahlvorschläge der gleichen, ihm nahestehenden Partei lautende, die er bei sich trug, und legte sie zu den gültigen Stimmzetteln. E. bemerkte das Treiben des F. und teilte es nach Beendigung der Zählung dem A. mit. Der Wahlvorstand beschloß aber mit Rücksicht darauf, daß F. nicht Stimmzettel verschiedener Parteien vertauscht habe, es bei der stattgehabten Zählung bewenden zu lassen und deren Ergebnis in der Wahlniederschrift als das richtige zu beurkunden. Die so abgefaßte Niederschrift wurde von allen Mitgliedern des Wahlvorstandes unterzeichnet und der zuständigen Stelle übersandt.

53. Der Förster F. traf im Walde seines Dienstherrn, des Gutsbesitzers G., den ihm als Wilderer bekannten W., der, auf Wild pürschend, den Wald durchstreifte. F. forderte den W. auf, sein Gewehr wegzuwerfen. Da W. nicht Folge leistete, ergriff F. das Gewehr. Beide rangen um die Waffe. Hierbei rief W., indem er ein Messer aus der Tasche zog, dem F. zu, er werde ihm die Finger abschneiden. Nunmehr hielt F. dem W. seinen Revolver vor den Kopf, worauf W. das Gewehr herausgab.

54. Bei den Lebensmittelunruhen in X. rottete sich eine Menschenmenge zusammen und plünderte das Lebensmittelgeschäft des Y. A. und B. haben den Laden des Y. geplündert. Die C. hat sich nur an der Zusammenrottung beteiligt, aber von A. und B. bewußt von den geplünderten Sachen ein Pfund Margarine billig käuflich erworben. Wie ist der Fall strafrechtlich zu beurteilen? Macht es einen Unterschied, wenn sich nachträglich ergibt, daß B. zur Zeit der Tat geisteskrank war?

55. Als F. im Omnibus den Fahrpreis von 20 Pf. bezahlen will und ein Markstück zum Einwechseln gibt, weist es der Schaffner S. mit den Worten zurück: „Das Geld ist falsch.“ Als F. dies bezweifelt, erwidert S.: „Sie werden schon wissen, daß das Geld falsch ist.“ F. legt empört Verwahrung ein. Es entspinnt sich zwischen beiden ein Wortwechsel, in dessen Verlauf F. den S. einen „unverschämten Burschen“ nennt. Nun fordert S. den F. zum Verlassen des Wagens auf. Als F. sich weigert, sucht ihn S. mit Gewalt zu entfernen. Aber ein Teil der Fahrgäste, darunter A. und B., nimmt die Partei des F. Es kommt zwischen F. und seiner Partei und dem S. zu einer Schlägerei, wobei jene die Fenster des Wagens einschlagen. Erst dem einschreitenden Polizeibeamten gelingt es, die Kämpfenden auseinanderzubringen. F. stellt Strafantrag gegen S, dieser und die Omnibusgesellschaft gegen F., A. und B. Es wird festgestellt, daß das Markstück des F. echt war.

56. Die beschäftigungslosen Kellner A. und B. haben im gegenseitigen Einverständnis folgende Tat ausgeführt: A. gab sich auf der Straße dem Handelsmann X. gegenüber für einen Kriminalpolizeibeamten aus und drohte, ihn wegen eines angeblichen Verstoßes gegen das Nahrungsmittelgesetz festzunehmen. B. mischte sich als scheinbar Unbeteiligter ein und bestärkte den X. in dem Glauben, einen Kriminalbeamten vor sich zu haben. Er gab ihm leise den Rat, den Beamten zu schmieren, damit dieser von einer Festnahme absehe, und holte den sich scheinbar entfernenden A. zurück, um dem X. Gelegenheit zum Anbieten und Gewähren einer Geldsumme zu geben. X. gab darauf tatsächlich dem A. 400 M., welche Summe A. und B. später unter sich teilten.

57. Der Fabrikant F. hatte seinen Ingenieur I. im Verdacht der Veruntreuung. Er wandte sich an die Detektive D. und E. Diese erschienen eines Tages in der Fabrik, verhörten den I., unterwarfen ihn einer Leibesvisitation, setzten ihn in seinem Zimmer gefangen und ließen ihn dort durch einen Meister der Fabrik, M., bewachen, den F. angewiesen hatte, den D. und E. zur Hand zu gehen. Auf I.s telephonische Beschwerde bei F. erwiderte dieser, daß er nichts tun könne. Abends lieferten D. und E. den I. der Polizei ab, die alsbald seine Unschuld feststellte und ihn freiließ.

58. Als die Kassenboten A. und B. der Firmen C. und D. nach Erhebung von Geld das Bankgebäude verließen, traten die stellungslosen Kellner X. und Y. an sie heran, erklärten, sie seien Kriminalbeamte und zu ihrer Festnahme beauftragt. Sie brachten dann wirklich A. und B. in ein Zimmer des Polizeipräsidiums, nahmen ihnen hier das Geld ab, das sie für beschlagnahmt erklärten, und entfernten sich mit dem Geld.

Wie sind X. und Y. strafrechtlich zu beurteilen? Wie wäre es, wenn sich herausstellte, daß A. mit ihnen im Einverständnis war und von der Beute ein Drittel erhalten hat?

59. X. hört, in einem Eisenbahnabteil sitzend, wie zwei Personen sich verabreden, den Y. zu ermorden. Obwohl er durch eine Anzeige das Verbrechen verhüten könnte, unterläßt es X., weil er mit Y. verfeindet ist. Y. wird ermordet. In der Hauptverhandlung gegen seine beiden Mörder stellt sich heraus, daß diese zur Zeit der Tat unzurechnungsfähig waren.

60. A. hat den X. ermordet. Die Leiche wird gefunden, von der Polizei in Gewahrsam genommen, und zwecks Feststellung, ob ein Verbrechen vorliegt, vom Gericht Obduktionstermin anberaumt. Um die Untersuchung im Keime zu ersticken, steigt A. in der Nacht vor dem Termin zusammen mit seinem Freunde B., den er unter Entdeckung des Sachverhaltes dazu überredet hat, durch das Fenster des Obduktionshauses ein, entwendet die Leiche und vergräbt sie, wiederum mit B.s Hilfe, im Walde.

61. Der Gerichtsvollzieher G. hat auf Grund eines nur gegen die Ehefrau A. (die keine Geschäftsfrau ist) lautenden vollstreckbaren Urteils Sachen gepfändet, die sich im Gewahrsam des Ehemannes A. befinden. Der Ehemann hat dem Gerichtsvollzieher bei der Pfändung gewaltsamen Widerstand geleistet, später die angelegten Siegel abgerissen und die gepfändeten Sachen veräußert.

62. Der Gerichtsvollzieher V. hatte im Auftrag des Gläubigers G. bei S. eine Anzahl Möbel durch Anlegung von Siegeln gepfändet. Als V. bei S. erschien, um die gepfändeten Möbel zwecks Versteigerung abzuholen, spiegelte ihm S. der Wahrheit zuwider vor, er habe die Möbel beiseitegeschafft und werde ihren Verbleib nicht verraten. Darauf entfernte sich V. unverrichteter Sache. In dem gegen S. eingeleiteten Strafverfahren wurde der Sachverhalt aufgeklärt, worauf die Versteigerung nachträglich erfolgte.

63.* G. hat, in Gegenwart seines Freundes P., den Chemikographen S. aufgefordert, ihm gegen Bezahlung von 20-Dollar-Platten herzustellen, mittels deren er echten 1-Dollar-Scheinen den Anschein von 20-Dollar-Noten geben könnte. S. hat sofort der Polizei Anzeige erstattet. Auf Anweisung des Polizeikommissars X., der den G. des Münzverbrechens überführen will, hat S. dem G. die gewünschten Platten verabfolgt.

a) Wie ist der Fall zu beurteilen, wenn G. mittels der Platten sein Vorhaben ausführt und die falschen 20-Dollar-Noten in Verkehr bringt?

b) Wie ist es, wenn G. und P., noch ehe G. die Platten gebrauchen kann, festgenommen werden?

c) Wie ist es im Fall zu b, wenn S. dem G. auf Anweisung des X. absichtlich unbrauchbare Platten verabfolgt hat?

64. A. hat beim Einwechseln von Geld ein falsches Zehnpfennigstück erhalten. Um es nützlich zu verwenden, wirft er es in einen Schokoladenautomaten, der im Wartesaal eines Bahnhofes aufgestellt ist, und verschafft sich auf diese Weise ein Paket Schokolade, das er sofort verzehrt. Ist er strafbar und weswegen?

Wie wäre es, wenn er das falsche Zehnpfennigstück in einen Musikautomaten geworfen und sich auf diese Weise den Genuß des Musikstückes verschafft hätte?

65. A. wird von B. im Walde mit vorgehaltener Pistole und dem Rufe: „Die Börse oder das Leben!" überfallen. Da greift A. in seine Tasche und übergibt dem B. einen falschen Hundertmarkschein, den er sich für solchen Zweck angeschafft hat und immer bei sich trägt. Als B. den falschen Hundertmarkschein, dessen Unechtheit er mittlerweile erkannt hat, einwechseln will, wird er festgenommen.

66. In der gegen A. schwebenden Voruntersuchung bekundete Z. als Zeuge — der Wahrheit gemäß — eine Äußerung des A., die diesen belastete. A. gab zu, eine ähnlich lautende Äußerung getan zu haben, jedoch in einer Fassung, in der sie ganz unverfänglich gewesen wäre. Um die für die Hauptverhandlung zu erwartende eidliche Zeugenaussage des Z. mit seiner eigenen Darstellung in Einklang zu bringen, schrieb A. einen Brief an M., in dem er diesen bat, dem Z. einzureden, daß er die Äußerung des A. falsch verstanden und daß die Äußerung den von A. gewünschten Sinn und Wortlaut gehabt habe. Dieser Brief gelangte aber, da A. irrtümlich eine unrichtige Adresse angegeben hatte, nicht in die Hände des M.

67. A. ist wegen eines Sittlichkeitsverbrechens angeklagt. Obgleich schuldig, möchte er durch Führung eines Alibibeweises seine Freisprechung erzielen. Er bittet B., C., D. und E. gleichzeitig zu sich und verspricht ihnen eine Belohnung, wenn sie zeugeneidlich wissentlich die unwahre Tatsache bekunden, daß sie zur Zeit, wo er das Verbrechen begangen haben soll, mit ihm an einem anderen Ort spazieren gegangen seien. B. weist die Zumutung sofort zurück, die anderen erklären sich bereit. Sie werden in der Tat auch auf Antrag des A. in der Hauptverhandlung als Zeugen nach Leistung des Zeugeneides vernommen. C.

und D. sagen wissentlich die Unwahrheit; der zuletzt vernommene E. beginnt wissentlich falsche Angaben zu machen, widerruft sie aber, bevor seine Vernehmung zum Abschluß gelangt, und sagt die Wahrheit. Nun tritt C., der mit Genehmigung des Gerichts schon im Begriffe war, sich zu entfernen, vor und widerruft ebenfalls, während D. trotz aller Vorhaltungen des Vorsitzenden seine falsche Aussage aufrechterhält.

68. K. hatte in einem Zivilprozeß, den er mit B. führte, ein Interesse daran zu beweisen, daß eine in Wahrheit gar nicht stattgehabte Kaufabrede bestimmten Inhalts zwischen ihm und B. getroffen worden sei. Er suchte daher seinen Freund F. auf und suchte ihm einzureden, daß eine solche Kaufabrede zwischen K. und B. in des F. Gegenwart tatsächlich getroffen worden sei und daß F. dies zeugeneidlich mit gutem Gewissen beschwören könne. F. beschwor wirklich als Zeuge vor Gericht, daß er ein Gespräch des bezeichneten Inhalts zwischen K. und B. mitangehört habe. Später ergab sich, daß F. zwar daran geglaubt hatte, es habe das bezeugte Gespräch zwischen K. und B. stattgefunden, nicht aber, daß er, F., dabei zugegen gewesen sei.

Wie ist der Fall strafrechtlich zu beurteilen? Wäre es anders, wenn F. auch nicht an die Tatsache des Gesprächs geglaubt hätte?

69. A. hat dem B. ein Darlehn gegeben, es aber am 10. Juni 1912 von B. zurückerhalten. Obgleich er dies weiß, verklagt A. den B. auf Rückzahlung. B. schiebt dem A. über die Tatsache der erfolgten Rückzahlung den Eid zu. Infolge eines Versehens wird der Eid dahin normiert: Es ist nicht wahr, daß B. das Darlehn am 10. Juli 1912 zurückgezahlt hat. A. leistet den ihm zugeschobenen Eid, worauf B. klagegemäß verurteilt und das Geld gegen ihn im Wege der Zwangsvollstreckung beigetrieben wird.

Wie ist A. strafrechtlich zu beurteilen,

a) wenn er den Fehler in der Eidesnorm vor der Eidesleistung erkannt hat?

b) wenn er ihn nicht erkannt hat?

70. K. hat den B. auf Rückzahlung eines Darlehns verklagt. B. wendet ein, er habe das Darlehn, das er von dem verstorbenen Vater des Klägers erhalten habe, während der Minderjährigkeit des Klägers dessen mittlerweile gleichfalls verstorbenem Vormund zurückbezahlt. Es wird für den Kläger folgender Eid normiert:

„Sie schwören usw. Ich habe nach sorgfältiger Prüfung und Erkundigung nicht die Überzeugung erlangt, daß der Beklagte das Darlehn meinem Vormund zurückbezahlt hat. So wahr usw."

Vor der Eidesleistung erkundigt sich der Kläger bei dem Sohne des Vormunds, S., ob ihm etwas von der Rückzahlung des Darlehns bekannt geworden sei. S. weiß, daß sein Vater das tatsächlich zurückgezahlte Geld unterschlagen hat. Um das Andenken seines Vaters zu schonen, aber auch um sich vor Regreßansprüchen zu bewahren, versichert er dem K. wider besseres Wissen, daß ihm von einer Rückzahlung des Darlehns nichts bekannt sei. Darauf leistet K. guten Glaubens den Eid. B. wird rechtskräftig klagegemäß verurteilt und das Geld von ihm beigetrieben.

71. K. hatte B. auf Rückzahlung eines dem Vater des B., dessen Erbe dieser geworden war, gegebenen Darlehns von 300 M. verklagt. In diesem Prozeß ist dem B. durch bedingtes Endurteil folgender richterlicher Eid auferlegt worden:

„Sie schwören usw. Es ist nicht wahr, daß der Kläger meinem Vater das eingeklagte Darlehn von 300 M. gegeben hat."

Diesen Eid hat B. geleistet, worauf die Klage rechtskräftig abgewiesen worden ist. Es stellt sich heraus, daß der Eid ein wissentlich falscher war.

72.* In dem Zivilprozeß des A. gegen B. wegen Rückzahlung eines Darlehns hat B. dem A. den Eid darüber zugeschoben, daß B. das Darlehn zurückgezahlt habe. Durch bedingtes Endurteil ist ein entsprechender Eid für

A. normiert worden. Da A. das Darlehn tatsächlich zurückempfangen hat, will er den Eid nicht leisten. Er bestimmt aber durch ein Geldgeschenk den C., den Eid für ihn zu leisten. In dem nach Rechtskraft des bedingten Endurteils zur Eidesleistung anberaumten Termin erscheint der C. und erklärt zu gerichtlichem Protokoll, er sei der A., unter näherer Angabe von dessen Personalien. Darauf spricht ihm der Richter gemäß § 481 ZPO. den Eid vor:

„Sie schwören . . . (Eingangsformel): Es ist nicht wahr, daß B. mir das ihm am xten gegebene Darlehn von Mark x zurückgezahlt hat."

C. spricht hierauf die Eidesformel. Der Vorgang wird zu gerichtlichem Protokoll beurkundet und darauf durch Läuterungsurteil B. zur Rückzahlung des Darlehns verurteilt. Auf Grund des Läuterungsurteils läßt A. die Darlehnssumme gegen B. im Wege der Zwangsvollstreckung beitreiben.

73.* Das Amtsgericht in X. ist ersucht, dem K. einen ihm durch rechtskräftiges Endurteil des Landgerichts in Y. auferlegten Parteieid abzunehmen. Im Termin zur Eidesleistung stehen zugleich eine ganze Reihe von Zeugenvernehmungen an, um deren Vornahme das Amtsgericht ebenfalls ersucht ist. Als nun K. erklärt, er könne den ihm vorgelegten Eid nicht leisten, glaubt der Amtsrichter irrtümlich, einen grundlos die Beeidigung seiner Aussage verweigernden Zeugen vor sich zu haben. Er hält daher dem K. vor, er habe, wenn er bei seiner Weigerung verharre, Geldstrafe, im Nichtbeitreibungsfalle Haft, ja bei wiederholter Weigerung Zwangshaft zu gewärtigen. Infolge dieses Vorhalts meint K. in der Tat zur Eidesleistung verpflichtet zu sein, und er leistet den Eid, obgleich er weiß, daß der Eid falsch ist.

74. Die unverehelichte A. hat im eigenen Namen und als Vormund ihres unehelichen Kindes den B. auf Ersatz der Entbindungskosten und Gewährung von Unterhalt verklagt. B. benennt wider besseres Wissen seinen Freund F.

als Zeugen dafür, daß auch er der A. innerhalb der Empfängniszeit beigewohnt habe. Der als Zeuge vernommene F. bestätigt wider besseres Wissen bei seiner ersten Vernehmung uneidlich, bei seiner zweiten Vernehmung eidlich die Behauptung des B. Doch gelingt es der A. alsbald die Unwahrheit der Aussage des F. nachzuweisen, so daß sie schließlich mit ihrer Klage durchdringt. Wie sind B. und F. strafrechtlich zu beurteilen? Können sie sich auf § 157 StGB. berufen?

75.* Der Gastwirt Gottlieb Schulze kaufte gegen bare Zahlung von 100000 M. notariell ein Grundstück. Er gab sich aber sowohl bei Abschluß des Kaufvertrages als auch bei der Auflassung für seinen Sohn Richard Schulze aus, und demgemäß wurde das Grundstück auf dessen Namen im Grundbuch eingetragen. Gottlieb S. handelte dabei in der Absicht, das Grundstück dem Zugriff seines Gläubigers G. zu entziehen. In Verfolgung dieser Absicht hat dann Gottlieb S., als er in dem von G. gegen ihn betriebenen Zwangsvollstreckungsverfahren den Offenbarungseid leisten mußte, in dem dem Eide zugrunde liegenden Vermögensverzeichnis nichts von dem Grundstück erwähnt.

76. S. hatte auf Verlangen seines Gläubigers G. gemäß § 807 ZPO. den Offenbarungseid geleistet. In dem diesem Eide zugrunde liegenden Vermögensverzeichnis hatte er zwar alle seine Vermögensstücke vollständig aufgeführt, aber zugleich angegeben, daß das ihm gehörige Grundstück mit einer Hypothek von 20000 M. belastet sei, wodurch sich schon allein ein Überwiegen der Passiven über das angegebene Aktivvermögen ergab. In Wahrheit war diese Hypothek im Einverständnis mit dem angeblichen Hypothekengläubiger H. nur zum Schein eingetragen, ohne daß ihr eine wirkliche Schuld zugrunde lag.

77. Der Knecht K. hatte mit der Dienstmagd D. geschlechtlich verkehrt. Obwohl er wußte, daß dies von der Dienstmagd X. wahrgenommen war, suchte K. die X. zu bestimmen, in dem gegen ihn und die D. wegen Abtreibung

eingeleiteten Strafverfahren eidlich auszusagen, daß sie nichts von einem Geschlechtsverkehr wahrgenommen habe. Die X. begann auch bei ihrer Vernehmung nach Leistung des Zeugeneides mit ihrer unwahren Aussage, bekam aber auf Vorhalt Bedenken und gab noch vor Abschluß ihrer Vernehmung der Wahrheit die Ehre.

78. Die Zeugin Z. hatte in dem Ehescheidungsprozeß der Eheleute X. unter ihrem Eide der Wahrheit gemäß ausgesagt, daß sie die Ehefrau X. in verdächtigem Umgang mit Y. betroffen habe. Daraufhin war die Ehe der Eheleute X. geschieden worden. In dem sich an den Scheidungsprozeß anschließenden, auf Antrag des Ehemannes X. gegen Frau X. und Y. wegen Ehebruchs eingeleiteten Strafverfahren sagte die Z., auf welche in der Zwischenzeit durch Frau X. und Y. entsprechend eingewirkt worden war, unter Berufung auf den im Ehescheidungsprozeß geleisteten Eid wissentlich der Wahrheit zuwider aus, daß sie sich bei den bekundeten Wahrnehmungen geirrt haben könnte, worauf die Freisprechung der Frau X. und des Y. erfolgte.

79. A. hatte eine Anzeige, in der er den Schneidermeister M. wider besseres Wissen der Brandstiftung beschuldigte, mit der Unterschrift „Busse“ versehen und sie in einem verschlossenen Umschlag, der mit der Aufschrift: „An Polizeiwachtmeister Meyer in F.“ adressiert war, zur Post gegeben. Da es einen Wachtmeister Meyer in F. nicht gab, wurde der Brief auf der Post amtlich geöffnet und dem vermeintlichen Briefschreiber Busse zugestellt. Dieser sandte ihn, den Mißbrauch seines Namens erkennend und unter Mitteilung des Sachverhalts, an die Polizeibehörde in F. Aus diesem Anlaß gelangte die Anzeige des A. in die Hände des Polizeiwachtmeisters Meinhard, an den sie A. ursprünglich hatte schicken wollen.

80. Der Arbeiter A. hat in der Fabrik seines Arbeitgebers F. fortgesetzt Diebstähle begangen. Um den Verdacht des F. von der richtigen Fährte abzulenken, ließ sich der Arbeiter B. durch Zusicherung einer Belohnung seitens des A. dazu verleiten, seinerseits den in den Sachverhalt eingeweihten C. zu bestimmen, bei der Polizei Anzeige zu erstatten, daß B. Täter der Diebstähle in der Fabrik des F. sei.

81. Auf die Aussage der 13jährigen D. hin ist A. wegen Vornahme unzüchtiger Handlungen mit der D. zu Zuchthausstrafe rechtskräftig verurteilt worden und hat die Strafe verbüßt. Nachträglich stellt sich heraus, daß die D. von ihrem Vater V. teils durch Versprechungen, teils durch Drohungen und Schläge dazu gebracht worden ist, gegen den A. wider besseres Wissen Strafanzeige zu erstatten und ihn in der Hauptverhandlung durch ihr Zeugnis zu belasten Es steht fest, daß der V. die Unschuld des A. gekannt hat.

82. Die Ehefrau F. hat ihren Ehemann im Verdacht, mit der E., Erzieherin ihrer Kinder, ein Liebesverhältnis zu unterhalten. Um die E. aus dem Hause zu verdrängen, versteckt die F. ihren Schmuck in dem Koffer der E. Auf die von dem Ehemann F. in gutem Glauben erstattete Anzeige von einem stattgehabten Diebstahl werden von der Polizei die Sachen aller Hausangestellten des F.schen Ehepaares durchsucht und der Schmuck in dem Koffer der E. gefunden. Infolgedessen wird die E. zu einer Freiheitsstrafe verurteilt, die sie verbüßt. Nachträglich muß sich die F. überzeugen, daß ihr Verdacht gänzlich unbegründet war. Sie bringt daher selbst den Sachverhalt zur Kenntnis der Behörde.

83. Der Rabbiner Dr. R. hat Russen, die sich auf der Durchreise vorübergehend in Deutschland aufhalten, ohne vorhergegangene standesamtliche Eheschließung nach den Vorschriften seiner Religion getraut.

Ist er strafbar? Er selbst hält sich für straflos, da § 1320 BGB. nicht anwendbar sei. Jedenfalls habe er in gutem Glauben an die Rechtmäßigkeit seines Verfahrens gehandelt.

84. Der A. und die B., beide Juden und russische Staatsangehörige, haben sich 1908 in Königsberg i. Pr., wo sie

ihren Wohnsitz hatten, ohne vorherige standesamtliche Eheschließung von einem russischen Rabbiner trauen lassen. Bei Anmeldung eines nach Jahresfrist geborenen Kindes zum Standesregister hat A. das Kind als ein ihm von seiner Ehefrau geborenes bezeichnet. Demgemäß ist die Eintragung in das Standesregister bewirkt worden.

Wie ist der Fall strafrechtlich zu beurteilen?

Hat es auf die Beurteilung Einfluß, wenn der A. und die B. ihre Ehe für nach deutschem Recht rechtsgültig gehalten haben?

Ändert es etwas an der Beurteilung, wenn der A. und die B. nach Einleitung des Strafverfahrens vor einem deutschen Standesbeamten eine rechtsgültige Ehe schließen?

85.* Bei dem Schneider Wibbel in Berlin war der Geselle Zwirn in Stellung, ein älterer, in sich gekehrter Mann, der — aus Österreich stammend — in Berlin weder Verwandte noch nähere Bekannte besaß. Als Zwirn eines Tages plötzlich starb, setzte Wibbel, dessen Vermögensverhältnisse schlecht waren, und der sein Leben zugunsten seiner Ehefrau hoch versichert hatte, im Einvernehmen mit dieser folgenden Plan ins Werk: Wibbel verschwand aus Berlin. Frau Wibbel gab den Verstorbenen dem zur Ausstellung des Totenscheins herbeigerufenen Arzt gegenüber als ihren Ehemann aus. Als solcher wurde Zwirn begraben und sein Tod auf Anmeldung der Ehefrau Wibbel als Tod des Ehemanns Wibbel in das Sterberegister eingetragen. Mit der Sterbeurkunde erhob Frau Wibbel bei der Versicherungsgesellschaft die Versicherungssumme. Das Ehepaar fand sich hierauf in Hamburg wieder zusammen, und hier schloß nach Jahresfrist Wibbel unter dem Namen Zwirns und mit dessen Ausweispapieren versehen vor dem Standesbeamten die Ehe mit der angeblichen Witwe Wibbel.

86. Die Eheleute A. leben getrennt. Eines Tages erhält die Ehefrau A. einen Brief ihres Ehemannes, in dem dieser schreibt, wenn sie diesen Brief erhalte, sei er tot und sie könne den X. heiraten, wie dies ja ihrem Wunsche entspreche. In der Tat ist am gleichen Tage A. aus der Wohnung, die er bisher innehatte, verschwunden und man findet seine Sachen am Ufer des die Stadt durchfließenden Flusses. Als nach einiger Zeit aus dem Flusse ein Ertrunkener gezogen wird, glaubt die Frau A. in ihm ihren Ehemann rekognoszieren zu können. Der Sterbefall wird in das Sterberegister eingetragen, und nach einem Jahr geht Frau A. die Ehe mit X. ein.

Nachher stellt sich heraus, daß der Ehemann A. — unter falschem Namen — noch lebt, und daß er seinen Tod nur vorgespiegelt hat, um seiner Frau die Eheschließung mit X. zu ermöglichen, ohne sich dazu den Unannehmlichkeiten, Langwierigkeiten und Unsicherheiten eines Scheidungsverfahrens auszusetzen.

87. Das Dienstmädchen D. hatte ihr uneheliches Kind in Pflege gegeben. Als sie das Pflegegeld nicht mehr bezahlen konnte, mußte sie ihr Kind abholen, das von diesem Augenblick an verschwunden blieb. In einem gegen sie angängig gemachten Strafverfahren gestand die D., ihr Kind in der Verzweiflung ins Wasser geworfen zu haben. Sie wurde wegen Totschlages unter Zubilligung mildernder Umstände zu 1 Jahre 6 Monaten Gefängnis verurteilt und verbüßte diese Strafe. Der Tod des Kindes wurde auf Grund amtlicher Mitteilung mit Wissen der D. in das Sterberegister eingetragen.

Nachträglich stellte sich heraus, daß die D. in Wahrheit ihr Kind nicht getötet, sondern bei einer Frau P. in Pflege gegeben und sich dabei einen falschen Namen beigelegt hatte, um sich der Bezahlung des Pflegegeldes zu entziehen. Sie wurde daher im Wiederaufnahmeverfahren von der Anklage des Totschlags freigesprochen. Kann sie nun aus anderen Gründen strafrechtlich zur Verantwortung gezogen werden?

88. Der Rechtsanwalt R. diktierte seiner Stenographin S. einen Brief an seinen in Haft befindlichen Mandanten. Dabei liefen einige Wendungen unter, die für den Untersuchungsrichter beleidigend waren. Während des Diktats kamen R. Bedenken und er ordnete an, daß der Brief vorläufig nicht abgehen, sondern ihm nach Übertragung des Stenogramms noch einmal vorgelegt werden solle. Aus Irrtum wurde diese Anordnung von der S. nicht befolgt, sondern der Brief, unter Benutzung einer von dem R. erteilten Blankettunterschrift, abgesandt. Er fiel dem Untersuchungsrichter in die Hände, der Strafantrag stellte.

89. Die A. hatte der B. nachgesagt, daß die B. ihr, der A., ein Huhn gestohlen habe. Da die B. darauf vertraute, daß die A. ihre an sich wahre Beschuldigung nicht werde erweisen können, erhob sie gegen die A. Privatklage wegen übler Nachrede (§ 186 StGB.). Indessen, während das Privatklageverfahren anhängig war, wurde die B. wegen des Hühnerdiebstahls rechtskräftig verurteilt.

1. Welchen Einfluß hat diese Verurteilung auf das Privatklageverfahren?

2. Ist die B. wegen Erhebung der Privatklage strafbar?

90. Die Ehefrau X. äußerte eines Abends ihrem Ehemann gegenüber die Absicht, durch Geschlechtsverkehr mit dem in demselben Hause wohnenden unverheirateten Y. etwas zu verdienen. Der Ehemann X. erwiderte, sie sollte bedenken, daß sie verheiratet sei, im übrigen könne sie machen, was sie wolle. Der X. ließ darauf seine Frau weggehen. Nach einer Weile begab er sich an die Tür der Wohnung des Y. Als seine Frau heraustrat, gebärdete X. sich, als ob er sie auf frischer Tat ertappe, und verlangte von Y. unter der Drohung, Strafanzeige zu erstatten, ein Schweigegeld, welches ihm der eingeschüchterte Y. auch gab. Ihren Unzuchtsverdienst hat Frau X. dazu verwendet, sich ihren Hut neu garnieren zu lassen.

91. Im Auftrage des A. überbringt B. dem X. eine Herausforderung zum Zweikampf mit Pistolen über das Schnupftuch. X. erbittet sich Bedenkzeit und beauftragt dann den Y., dem B. gegenüber die Annahme der Herausforderung zu erklären und dem X. die näheren Bedingungen über Ort und Zeit des Zweikampfes zu übermitteln. Y. entledigt sich seines Auftrages; seine ernstlichen Bemühungen, den Zweikampf zu verhindern, scheitern an dem Widerstand des B. Kurz vor Beginn des Zweikampfes erklärt X., den Zweikampf freiwillig aufzugeben.

Wie sind A., B., X. und Y strafrechtlich zu beurteilen?

Wie wären A., B. und Y. strafrechtlich zu beurteilen, wenn der Zweikampf stattgefunden und A. in ihm den X. getötet hätte?

92.* Walter und Ewald bewerben sich um die Hand der Gabriele, die Ewald den Vorzug zu geben scheint. Um eine Verbindung Gabrieles mit Ewald zu verhindern, reizt Walter den Bruder Gabrieles, Udo, den Ewald zum Zweikampf herauszufordern. Der von dem Verhalten Walters nichts ahnende Ewald wählt Walter zum Sekundanten und verpflichtet ihn ehrenwörtlich, ihm eine ungeladene Pistole in die Hand zu geben. Walter aber drückt dem Ewald eine scharfgeladene Pistole in die Hand und bewirkt dadurch, daß Ewald den Udo erschießt.

93.* H. hat in mehr als 20 Fällen junge Leute an sich gelockt und umgebracht. G. hat wissentlich dem H. die Opfer zugeführt, dem H. nach Verübung der Tötungen geholfen, die Leichen zu beseitigen, und die ihm von H. überlassenen Kleider der Getöteten verkauft und den Erlös für sich verwendet.

a) Wie sind H. und G. strafrechtlich zu beurteilen, wenn H. zurechnungsfähig ist und die Tötungen mit Überlegung ausgeführt hat?

b) Wie wären sie zu beurteilen, wenn H. zwar zurechnungsfähig ist und auch bei Vorbereitung, aber nicht bei Ausführung der Tötungen mit Überlegung gehandelt hat?

c) Wie wäre es, wenn H. zwar im übrigen zurechnungsfähig ist und auch bei Vorbereitung der Tötungen mit Überlegung, bei ihrer Ausführung aber in einem Zustand der Bewußtlosigkeit gehandelt hat?

d) Macht es in den Fällen b und c einen Unterschied, wenn H. bei Vorbereitung der Tötungen voraussah, daß er sie ohne Überlegung oder in bewußtlosem Zustand ausführen werde?

e) Wie ist es, wenn H. völlig unzurechnungsfähig ist?

94.* Claudius hat seinen Bruder Hamlet dadurch ermordet, daß er Gift in die Ohren des Schlafenden gegossen hat. Er hat dann die Witwe des Ermordeten, Gertrud, geheiratet. Der Sohn des Ermordeten, der gleichfalls Hamlet heißt, ist von der Schuld seines Oheims überzeugt und beschließt, die Tat zu rächen, zögert aber mit der Ausführung. Als er bei einer Unterredung mit seiner Mutter sich gegen diese wegen ihrer Heirat zum Zorn hinreißen läßt und plötzlich hinter einem Vorhang eine Stimme um Hilfe rufen hört, glaubt er, es sei die Stimme des Claudius und ersticht den Rufenden durch den Vorhang hindurch. Es stellt sich indessen heraus, daß der Erstochene nicht Claudius, sondern dessen Vertrauter, Polonius, war, der auf Claudius Geheiß den diesem längst verdächtigen Hamlet belauschen sollte. Nun beschließt Claudius, sich des Hamlet zu entledigen. Er beredet ihn zu einer Reise zu einem Freunde des Claudius und gibt seinen Reisebegleitern, Rosenkranz und Güldenstern, einen Brief an diesen Freund mit, in dem der Adressat aufgefordert wird, den Hamlet zu beseitigen. Indessen auf der Reise gelingt es dem Hamlet, sich heimlich des Briefes, gegen dessen Inhalt er Mißtrauen hegt, zu bemächtigen. Nachdem er ihn gelesen, vertauscht er ihn mit einem anderen, in dem er des Claudius Handschrift und Unterschrift nachmacht und den Adressaten auffordert, die Überbringer umzubringen. Er selbst kehrt heimlich zurück, während Rosenkranz und Güldenstern ihre Reise allein fortsetzen und infolge des Briefes in der Tat vom Freunde des Claudius getötet werden. Hamlet wird nach seiner Rückkehr von dem Sohne des Polonius, Laertes, zum Zweikampf herausgefordert. Laertes hat auf Rat des Claudius die Spitze seines Rapiers vergiftet. Für alle Fälle hält Claudius, der mit Gertrud dem Zweikampf beiwohnt, einen Becher mit Gift bereit, den er dem Hamlet zu trinken geben will. Zuerst verwundet Laertes mit seinem Rapier den Hamlet. Doch nachdem dies geschehen ist, vertauschen die Fechtenden infolge eines Fechterkunststücks die Rapiere, und nun verwundet Hamlet mit dem vergifteten Rapier des Laertes diesen selbst. Während des Zweikampfes hat Gertrud nichtsahnend aus dem vergifteten Becher getrunken, ohne daß Claudius, obwohl er es sah, sie daran gehindert hat. Als Hamlet seine Mutter infolge des Trunkes sterben sieht und von dem sterbenden Laertes auch über die Vergiftung des Rapiers aufgeklärt wird, ersticht er den Claudius, stirbt aber dann selbst an der vergifteten Wunde.

Welche strafbaren Handlungen liegen nach deutschem Strafrecht vor?

95. Der hoffnungslos kranke und schwer leidende A. bittet seinen Freund B. flehendlichst, durch einen Revolverschuß seinen Qualen ein Ende zu machen. Hierdurch bestimmt, schießt B. auf den A., tötet ihn aber nicht, sondern verletzt ihn nur, und zwar so unglücklich, daß A. das Sehvermögen auf beiden Augen verliert.

96. Der Kaufmann K. hat seine Angestellte A. geschwängert und sie dann durch vieles Zureden dazu bestimmt, sich von der gewerbsmäßigen Abtreiberin B. die Leibesfrucht abtreiben zu lassen. Die B. hat die Abtreibung dadurch bewirkt, daß sie der A. wiederholte Einspritzungen gemacht hat. Die B. ist zu ihrer Handlung durch eine Geldzahlung seitens des K. bestimmt worden.

97. A. hat auf Bitte der B., ihr zu Beseitigung der Schwangerschaft behilflich zu sein, die gewerbsmäßige Abtreiberin X. ausfindig gemacht und diese durch Versprechungen dazu bestimmt, die Frucht der B. abzutreiben. Die B. hat sich darauf von der X. eine erfolgreiche Einspritzung in die Gebärmutter machen lassen.

98. A. wußte, daß die B. schwanger war und durch C. zur Abtreibung bestimmt werden sollte. Um dem C. hierzu und ferner um der B. zur Abtreibung behilflich zu sein, gab A. dem C. ein Mittel, das die B., von C. hierzu überredet, zum Zwecke der Abtreibung, indes ohne Erfolg, einnahm.

99. Die A., welche schwanger war, kaufte, unter Mitteilung des Sachverhaltes, von B. für 3 M. einen Trank, der ein taugliches Abtreibungsmittel enthielt. Sie nahm indessen nur einen Teil des Trankes ein und verzichtete, von Reue erfaßt, auf den Rest. Eine Abtreibung erfolgte nicht.

100. A. hatte der B., welche von ihm ein Mittel zur Abtreibung ihrer Leibesfrucht zu erhalten wünschte, unter Zusicherung der Tauglichkeit für teueres Geld wissentlich ein völlig untaugliches Mittel verkauft. Nachdem die B. sich durch einen vorgenommenen Versuch von der Wirkungslosigkeit des Mittels überzeugt hatte, erstattete sie gegen A. Strafanzeige.

Wie ist der Fall zu beurteilen?

Wie wäre es, wenn A. das Mittel für tauglich gehalten hätte?

101. Bei der Heimkehr aus dem Wirtshause geraten A., B., C. und D. in Streit. Aus dem Streit entwickelt sich eine allgemeine Schlägerei. In dem Verlauf dieser Schlägerei bringt A. plötzlich einen geladenen Revolver zum Vorschein und dringt damit auf B. ein. Außerstande, sich des A. anders zu erwehren, greift B. nach seinem Taschenmesser und stößt blindlings auf A. los, dem er dabei ein Auge aussticht.

102. Die Eheleute M. lebten in schweren Nahrungssorgen. Um die hohe Versicherungssumme zu erlangen, setzte eines Nachts M. mit Wissen seiner Frau das dem M. gehörige, von der Familie M. bewohnte Haus in Brand. Frau M. brachte sich rechtzeitig mit ihrem jüngsten Kind, einem Säugling, in Sicherheit, ließ aber ihre beiden anderen

Kinder von 2 und 3 Jahren schlafend in dem brennenden Hause zurück, wo sie umkamen. Daß sie den Vorsatz gehabt hat, diesen letzteren Erfolg herbeizuführen, ließ sich nicht feststellen.

103. Der 9jährige A. fuhr sein 6 Monate altes Schwesterchen in einem Kinderwagen spazieren. Da begegnete ihm die arbeitslose 30 Jahre alte B., gab ihm 10 Pf. und sagte ihm, er könne sich dafür in einem benachbarten Laden Bonbons kaufen, sie werde indessen auf sein Schwesterchen aufpassen. Als der A. wieder aus dem Laden trat, war die B. samt Kind und Kinderwagen verschwunden. Es wurde ermittelt, daß die B. das Kind in einem einige Straßen entfernten Hause in den Hausflur gelegt, den Kinderwagen aber verkauft und den Erlös für sich verwendet hatte.

104. Der Rentner R. lernte eines Nachts auf der Straße die Dirne D. kennen und nahm sie mit sich in seine Wohnung. Um 6 Uhr morgens begab sich R. in sein Badezimmer. Dies benutzte die D., die Tür des Badezimmers zu verschließen. Der Gefangene mußte mit anhören, wie die D. Versuche machte, seinen Geldschrank zu erbrechen. Als ihr dies nicht gelang, ging sie an das Telephon und rief aus einer Gastwirtschaft ihren Freund F. herbei. Eine halbe Stunde später hielt ein Automobil vor dem Haus des Rentners. Und nun hörte der Eingesperrte, wie das Paar den Geldschrank erbrach. Als R. nach Stunden durch Nachbarn befreit wurde, waren die D. und F. verschwunden und mit ihnen alle im Geldschrank verwahrt gewesenen Gelder und Wertpapiere, sowie außerdem aus den Zimmern die wertvollsten Kunstgegenstände.

105. Als der Generaldirektor G. der Elektrizitäts-A.-G. eines Morgens aus seiner Wohnung im zweiten Stock trat und in den Fahrstuhl stieg, um hinunterzufahren, stieg hinter ihm ein junger, ihm unbekannter Mann in den Fahrstuhl. Zwischen dem zweiten und ersten Stock blieb der Fahrstuhl stecken. Da auch die Notklingel versagte und auf das Rufen der Eingesperrten niemand erschien, geriet G. in die größte

Aufregung. Er erzählte dem jungen Mann, daß er zu einer wichtigen Konferenz pünktlich eintreffen müsse und daß ihm durch Verzögerung vielleicht unersetzlicher Schaden entstehen würde. Der junge Mann stellte sich G. als Techniker vor, der augenblicklich stellungslos sei. Er versprach, sein Bestes zu tun, um den Fahrstuhl wieder in Gang zu bringen. Als ihm dies wirklich nach nicht allzu langer Zeit gelang, erschöpfte sich G. in Dankesbezeugungen, bestellte den jungen Mann auf sein Bureau, wo er ihn anderen Tages in der Tat in den Dienst der Gesellschaft übernahm.

Erst sehr viel später gestand der junge Mann, M., dem G., daß der Unfall des Fahrstuhles kein zufälliger gewesen sei, daß vielmehr er, M., den Pförtner des Hauses des G., den P., durch ein Trinkgeld dazu bestimmt hätte, den Fahrstuhl zum Stehen zu bringen, damit M. Gelegenheit erhalte, sich dem G. gefällig zu erweisen und durch ihn eine Stellung zu erhalten.

106. Der Redakteur R. sollte am Abend einen Vortrag im Rundfunk halten. Kurz vor der angesetzten Zeit erschien vor seinem Haus ein Kraftfahrzeug, dem drei Herren entstiegen, die dem R. erklärten, sie seien beauftragt, ihn zu seinem Vortrag abzuholen. R. stieg ein, merkte aber bald, daß man ihn nicht nach dem Voxhaus, sondern aus der Stadt herausfuhr. Als R. Einwendungen erhob, stellten sich die drei Herren — es waren A., B. und C. — als Mitglieder einer dem R. feindlich gesinnten politischen Partei vor, zogen Revolver heraus und erklärten, sie seien beauftragt, den R. so lange festzuhalten, bis ihr eigener Parteigenosse, der P., an R.s Stelle einen Vortrag im Rundfunk gehalten habe. Es blieb dem R. nichts übrig, als sich in sein Schicksal zu ergeben. Nach einer Stunde setzten die drei den R. außerhalb der Stadt ab und fuhren davon. Unterdessen hatte P. im Voxhaus, wo er sich für R. ausgab, einen Vortrag mit einer der des R. entgegengesetzten politischen Tendenz gehalten, auch das ihm dafür angebotene Honorar, um keinen Verdacht zu erregen, angenommen.

107. Der 8jährige A. hatte zu seinem Geburtstag ein Fahrrad geschenkt erhalten und übte sich damit auf der Straße im Fahren. Da kam der 18jährige Laufbursche B. vorbei, sah dem A. eine Weile zu und erklärte dann dem A., wenn dieser ihn einmal in seiner Gegenwart auf dem Fahrrad hin- und herfahren lassen würde, so würde er ihn das Fahren bald lehren. A. gab dem B. arglos das Fahrrad. B. setzte sich darauf, fuhr einmal damit auf und ab, sodann eiligst auf und davon. Bei dem Versuch, das Fahrrad einem Händler zu verkaufen, wurde B. festgenommen.

108. A. schuldet dem X. 1000 M. Er übergibt seinem strafmündigen Sohne B. 1000 M., begibt sich mit ihm zu X., und beide führen gemäß vorheriger Vereinbarung folgendes Manöver aus. A. sagt: „Ich will zahlen und bitte um Rückgabe des quittierten Schuldscheines." B. zählt das Geld auf den Tisch, worauf X. quittiert und den Schuldschein dem A. reicht. Sofort streicht B. das Geld ein, und Sohn und Vater entfernen sich mit Geld und Schuldschein. Das Geld liefert B. sofort wieder an A. ab.

Wie sind A. und B. strafrechtlich zu beurteilen? Wie wären sie zu beurteilen, wenn sie überzeugt sind, daß trotz ihrer Handlungen das Eigentum an dem Gelde unverändert bei dem A. verblieben ist?

109. A. hatte gerade im Laden eines Buchhändlers X. ein Buch zum Preise von 1 M. gekauft, als er auf dem Ladentisch neben dem gekauften Buch einen dem X. gehörigen Hundertmarkschein liegen sah. In dem Augenblick, da X. sich entfernte, um das Papier zum Einpacken des Buches zu holen, schob A. den Hundertmarkschein in das gekaufte Buch. Er ließ sich sodann das den Hundertmarkschein enthaltende Buch eingepackt übergeben und verließ nach Bezahlung des Preises von 1 M. den Laden. Den Hundertmarkschein verwandte er für sich.

110. Ein Fahrradmarder tritt in verschiedenen Stadtvierteln auf. In Reichswehruniform ruft er vorüberfahrende junge Radler an, bittet sie, für ihn in ein benachbartes Haus zu gehen und seinen Bruder herunterzurufen. Er erklärt sich bereit, während dieser Zeit auf das Rad zu achten. Tut der Radfahrer dem vermeintlichen Soldaten den „Gefallen", so büßt er dafür sein Rad ein; denn jener ist ein Gauner, der unterdessen mit dem erbeuteten Rade davonfährt.

Bisher sind schon vier solcher Fälle festgestellt.

Wie wäre der Fahrradmarder F., wenn er gefaßt würde, strafrechtlich zu beurteilen? Dabei ist zu unterstellen, daß er mit einheitlichem Vorsatz gehandelt und alle Räder bei dem gutgläubigen Pfandleiher X. versetzt hat.

111. Auf der Güterabfertigungsstelle der Firma K. in E. stand ein Eisenbahnwagen mit Stahl zur Abfertigung bereit, der laut des aufgeklebten Zettels und des im Bureau liegenden Frachtbriefes für die Firma T. in M. bestimmt war. In der Nacht vor der Abfahrt ersetzte ein Angestellter der Firma K., X., den aufgeklebten Zettel durch einen anderen und den Frachtbrief durch einen von ihm gefälschten. Der neue Zettel und der gefälschte Frachtbrief gaben als Empfänger der Stahlsendung den im Einverständnis mit X. befindlichen Kaufmann Y. in Z. an. In der Tat wurde die Sendung durch die Reichsbahn auf Grund des gefälschten Frachtbriefs an Y. ausgeantwortet, der die Sendung an den gutgläubigen G. verkaufte. Der Erlös wurde zwischen X. und Y. geteilt.

112. Auf dem Bahnhof in N. befand sich ein Automat für 25 Pf.-Fahrkarten. A. wollte sich eine solche lösen. Nachdem er 10 Pf. eingeworfen hatte, kam der ihm unbekannte B., drängte ihn beiseite, warf noch 15 Pf. ein, entnahm die Fahrkarte und passierte mit ihr die Sperre.

Wie wäre es, wenn es dem A., nachdem B. die 15 Pf. eingeworfen hatte, gelungen wäre, seinerseits die Fahrkarte an sich zu nehmen und mit ihr die Sperre zu passieren?

113. Auf dem Bahnsteig in B. steht ein Schokoladenautomat, der dem Unternehmer U. gehört. X. wirft ein Zehnpfennigstück in den Automat in der Absicht, ein Stück Schokolade herauszuziehen. Trotz seines Bemühens gelingt ihm letzteres nicht. Als er noch einmal heftig zieht, fallen ihm fünf Zehnpfennigstücke entgegen. Es wird dem X. nun klar, daß der Automat nicht funktioniert und daß alle Zehnpfennigstücke von Personen in den Automaten gesteckt sind, die sich in ihrer Erwartung, dafür Schokolade zu erlangen, getäuscht sahen. X. ist unschlüssig, was er mit den fünf Zehnpfennigstücken beginnen soll, zumal er nicht sicher ist, ob sich sein eigenes unter ihnen befindet. Als aber in diesem Augenblick sein Zug einfährt, steckt er alle fünf zu sich.

Ist er strafbar? Ist es erheblich, ob U. gewußt hat, daß der von ihm aufgestellte Automat nicht funktionierte?

114. In dem Laden des X. erschien ein gut gekleideter Herr und bat den X., ihm gegen Kleingeld einen Zwanzigmarkschein einzuwechseln, da er einen solchen durch eingeschriebenen Brief versenden müßte. X. händigte dem Fremden einen Zwanzigmarkschein ein, den dieser vor X.s Augen in eine Briefhülle steckte, welche er sogleich zuklebte. Der Fremde zog darauf seine Börse und fing an, Kleingeld auf den Ladentisch zu zählen. Plötzlich hielt er inne und bemerkte, er habe zu seiner Überraschung keine 20 M. bei sich und müßte daher leider den Zwanzigmarkschein zurückgeben. Er reichte dem X. in der Tat die Briefhülle, strich sein aufgezähltes Geld wieder ein und verließ mit höflichem Gruß den Laden. Als X. die Briefhülle öffnete, fand er darin ein leeres Stück Papier. Der Fremde hatte die Briefhülle mit dem von X. empfangenen Zwanzigmarkschein gegen eine vorher bereitgehaltene andere Briefhülle vertauscht und den Zwanzigmarkschein als Beute davongetragen.

Als Täter wurde A. ermittelt, der nach wohlüberlegtem Plane gehandelt hatte.

115. A., B. und C. haben den Zigarrenhändler Z. gemeinsam nach vorher festgestelltem Plane wie folgt geschädigt: A. betrat den Laden des Z., forderte eine Zigarre zu 5 Pf. und legte zur Bezahlung auf den Ladentisch einen Zwanzigmarkschein, den er zu wechseln bat. Während Z. das Wechselgeld auf den Ladentisch zählte, betraten B. und C. gleichfalls als Käufer den Laden und baten den Z. wegen angeblich großer Eile um schleunige Abfertigung. Die hierdurch bewirkte Ablenkung des Z. benutzte A., um das Wechselgeld mitsamt dem Zwanzigmarkschein einzustreichen und den Laden zu verlassen. Die Beute wurde unter A., B. und C. geteilt.

116. A. war Kontrollbeamter am Eingang einer von einer Aktiengesellschaft veranstalteten Ausstellung. Als solcher hatte er von den Eintrittskarten der Besucher den Kontrollabschnitt abzutrennen und ihnen das übriggebliebene Stück der Karte zurückzugeben. A. sammelte nun nach dem abendlichen Schluß der Ausstellung die von den Besuchern fortgeworfenen Kartenabschnitte ein. Wenn dann anderen Tages ein Besucher ihm seine Eintrittskarte zwecks Abtrennung des Kontrollabschnittes hinreichte, ließ A. die Karte fallen, vertauschte sie im Bücken gegen einen bereitgehaltenen eingesammelten Kartenabschnitt und reichte diesen dem Besucher. Die unversehrten Karten sammelte A. und verkaufte sie unter der Hand für eigene Rechnung.

117. Als Frau A. nach beendetem Einkauf an der Ladenkasse zahlen wollte, entfiel ihrer Geldbörse ein Zwanzigmarkschein. Ehe sie sich nach ihm bücken konnte, hatte die gleichfalls mit geöffnetem Portemonnaie neben ihr stehende Frau B. den Schein aufgehoben und in ihr eigenes Portemonnaie gesteckt. Von Frau A. zur Rede gestellt, stellte sich Frau B. sehr entrüstet und behauptete, der Schein sei selbstverständlich ihrem eigenen Portemonnaie entfallen. Da Frau A. für ihr Recht keinen Nachweis erbringen zu können meinte, auch durch die Sicherheit des Auftretens der Frau B. in den Glauben versetzt wurde,

sie könne sich tatsächlich getäuscht haben, stand sie von einer Geltendmachung ihres Rechtes ab. Frau B. verließ unangefochten mit ihrer Beute den Laden.

118.* In der Fischhalle zu Z. standen mit Fischen angefüllte Kisten, die nach ihrem bereits festgestellten Gewicht versteigert werden sollten. Vor Beginn der Versteigerung schlich sich der X. in die Halle, nahm aus der dem Fischhändler A. gehörigen Kiste eine Anzahl Fische und warf sie in die danebenstehende dem Fischhändler B. gehörige. Bei der darauffolgenden Versteigerung erstand dann X. — wie er es von vornherein beabsichtigt hatte — die bereicherte Kiste des B., obgleich dieselbe zu ihrem ursprünglich festgesetzten Gewicht ausgeboten wurde. Die gleichfalls zu ihrem ursprünglich festgesetzten Gewicht ausgebotene, tatsächlich aber erleichterte Kiste des A. wurde von dem nichtsahnenden Y. erstanden.

119. Als der Arbeiter A. eines Abends von der Arbeit nach Hause kam, fand er zu seinem Entsetzen, daß seine Wohnung vollständig ausgeräumt war. Wie sich herausstellte, hatte der bei A. in Schlafstelle wohnende B. das ganze Mobiliar des A. gegen Barzahlung an den Möbelhändler X. verkauft, dem gegenüber er sich als Eigentümer der Möbel ausgegeben hatte. X. hatte — der mit B. getroffenen Abrede gemäß — die gekauften Sachen alsbald aus der Wohnung durch seine Angestellten abholen lassen. Den Erlös hatte B. für sich verwendet.

120. Der allein wohnende A. erhielt folgendes Telegramm: „Bin schwer erkrankt, komme sofort. Tante Hulda.“ A. reiste sofort ab, traf aber seine Tante bei bestem Wohlsein an. Von dem Telegramm wußte sie nichts. Übler Ahnungen voll kehrte A. zurück und stellte fest, daß man während seiner Abwesenheit die Tür seiner Wohnung erbrochen und eine Anzahl ihm gehöriger Sachen aus der Wohnung entwendet hatte.

Es ergab sich, daß B. die Tür erbrochen, die Entwendungen verübt und auch, um A. aus der Wohnung zu locken, das Telegramm an ihn aufgegeben hatte.

121. Der 18jährige A. sollte im Auftrage seiner Mutter einen Zehnmarkschein auf der Post einzahlen. Auf dem Wege zum Postamt traf er seinen Freund, den 19jährigen B. Beide führten nach Verabredung folgenden Plan aus: Sie stiegen durch ein Fenster in die Wohnung des auf einige Tage verreisten Großvaters des B., des X., entwendeten aus der Schublade seines Schreibtisches einen Zwanzigmarkschein und legten den im Besitz des A. befindlichen Zehnmarkschein an dessen Stelle. Aus dem erbeuteten Zwanzigmarkschein bewirkte A. zunächst die ihm obliegende Posteinzahlung; der Rest wurde von den Freunden verjubelt. Anderen Tages holten die Freunde auf die nämliche Weise auch noch den niedergelegten Zehnmarkschein aus der X.schen Wohnung und verausgabten auch diesen.

Wie ist der Fall strafrechtlich zu beurteilen? Strafantrag ist von keiner Seite gestellt.

122. Die 14 Jahre alten Knaben A. und B. sehen in einem eingezäunten Garten einen roten Gegenstand liegen, den sie für einen Gummiball halten. A. wünscht den Ball für sich zu haben, um ihn seinen Geschwistern zu schenken. Er veranlaßt den B., ihm den Ball zu holen. B. überklettert den Zaun und steigt in den Garten. Hier überzeugt er sich, daß der vermeintliche Gummiball eine Holzkugel ist. Er läßt sie deshalb liegen und verläßt den Garten unter Mitnahme einer ebenfalls daselbst liegenden Puppe, die er sich selbst zueignet.

Wie sind A. und B. strafrechtlich zu beurteilen, wenn feststeht, daß sie fähig waren, das Ungesetzliche ihrer Tat einzusehen und ihren Willen dieser Einsicht gemäß zu bestimmen?

123. Der 18jährige Laufbursche L. hatte eine Taschenuhr seines 20jährigen Freundes F. in Benutzung gehabt und sie verkauft. F. bestimmte nun den L., der L. solle, um ihn zu entschädigen, von Warenvorräten der Mutter des L. dem F. einiges verschaffen. L. und F. gingen gemeinsam zu der Behausung von L.s Mutter, und während F. vor

dem Fenster stehenblieb, ging L. hinein, nahm dort seiner Mutter gehörige Bettbezüge und Handtuchstoffe an sich und reichte sie dem F. durch das Fenster, worauf dieser sie forttrug, um sie zu behalten.

124. Der Juwelenhändler J. hatte mit dem Geldgeber G. vereinbart, daß G. dem J. ein Darlehn von 10000 M. gegen Verpfändung von Juwelen von doppeltem Wert gewähren sollte. In der Tat gab G. dem J. ein Darlehn von 10000 M. Die dafür von J. verpfändeten Juwelen aber hatten, wie G. später von Sachverständigen erfuhr, nur einen Wert von 5000 M. Um sich die fehlende Deckung zu verschaffen, setzte G. folgenden Plan ins Werk. Er schrieb dem J., daß er für seine Frau Juwelen kaufen wollte, und daß daher G. mit einer Auswahlkollektion bei ihm vorsprechen möge. J. kam diesem Verlangen bereitwilligst nach. Als J. Juwelen im Werte von 15000 M. auf einem Bogen Papier ausgebreitet hatte, nahm G. diese an sich und ging mit ihnen in ein Nebenzimmer, um sie, wie er sagte, seiner Frau zu zeigen. Nach kurzer Zeit kehrte er ohne die Juwelen mit der Bemerkung zurück, daß er die Juwelen als die ihm für sein Darlehn zustehende weitere Sicherheit zurückbehalte. J. protestierte zwar lebhaft, erhielt aber seine Juwelen nicht wieder.

125. A. vertauschte seine Kuh gegen die des B. durch Tauschvertrag. Als er aber nach einigen Tagen entdeckte, daß die eingetauschte Kuh an Tuberkulose litt, verlangte er von B. Wandlung, deren Vollziehung B. verweigerte. Darauf holte A. die von ihm hingegebene Kuh aus dem Stalle des B., als auf dessen Anwesen niemand zugegen war, indem er gleichzeitig die eingetauschte Kuh zurückbrachte.

126. Der Kunsthändler Täuscher in Hamburg hatte dem amerikanischen Millionär John für eine ungeheure Summe die wertlose Kopie des Gemäldes eines berühmten italienischen Meisters als echt verkauft. Da Täuscher fürchtete, daß sein Betrug ans Licht kommen werde, so bestimmte er durch Zahlung einer Geldsumme seinen Handlungsgehilfen Ärmlich, dem er den Sachverhalt entdeckte, auf demselben Dampfer der Hamburg-Amerika-Linie, den John zur Überfahrt benutzen würde, als Steward nach Amerika zu fahren, bei passender Gelegenheit das Bild aus der Kabine des Amerikaners zu entwenden und ins Meer zu werfen. Der Plan gelang indessen nur zum Teil. Als Ärmlich eines Abends auf hoher See, während John im Rauchsalon weilte, mit dem entwendeten Bilde aus Johns Kabine trat, hörte er Schritte auf dem Gang. Um nicht auf frischer Tat ertappt zu werden, schob er das Bild unter das Polster eines auf dem Gange befindlichen Sofas. Es gelang dem Ärmlich ungeachtet wiederholter Bemühungen während des ganzen Restes der Überfahrt nicht, das Bild unbemerkt aus dem Versteck zu nehmen und in die See zu werfen. Das Bild wurde nach Monaten zufällig von Angestellten entdeckt, und die sich anschließenden Nachforschungen der Kriminalpolizei förderten den ganzen Tatbestand zutage.

127. M. hatte als Geschirrführer der Getreidehandlung F. regelmäßig zu deren Kunden die mit Getreide gefüllten Säcke zu fahren und dabei die leeren Säcke aus früheren Lieferungen abzuholen und zwecks Nachfüllung zum Speicher zurückzuschaffen. Auf einer dieser Fahrten hat er sich durch Zureden des A. und des B. bestimmen lassen, einem jeden von ihnen ein Pack leerer Säcke gegen Bezahlung vom Wagen zuzuwerfen. A. und B. haben die ihnen überlassenen Säcke für sich verwendet.

128. A. hatte auf der Straße dem Kassenboten B. die mit Banknoten gefüllte Tasche entrissen. Auf die Hilferufe des Beraubten stürmte alsbald eine größere Menschenmenge hinter dem fliehenden Räuber her. Um seine Verfolger aufzuhalten, warf A. eine Anzahl der geraubten Banknoten unter die ihn verfolgende Menge. C. hat einen Tausendmarkschein aufgehoben und sich mit ihm eilig davongemacht. Den Tausendmarkschein hat er bei D. in 10 Hundertmarkscheine umgewechselt und sich für einen

Hundertmarkschein bei dem Trödler E. einen Anzug gekauft. Beiden hat er triumphierend erzählt, wie er zu seinem Reichtum gekommen ist.

129. In einem Modewarenhaus wurde von einem Gasthof aus durch Fernsprecher mitgeteilt, daß der dort wohnenden Gräfin H. auf der Eisenbahn das Gepäck gestohlen sei und sie sich deshalb neu einkleiden müsse. Die Gräfin kam dann selbst in das Geschäft und suchte verschiedene Kleidungsstücke im Werte von mehreren tausend Mark aus. Die Sachen sollten ihr nach dem Gasthof gebracht und dort bezahlt werden. Als eine Verkäuferin und ein Hausdiener des Modewarenhauses in dem bezeichneten Zimmer des Gasthofs erschienen, empfing sie die Gräfin und erklärte, die Kleidungsstücke im angrenzenden Schlafzimmer anlegen zu wollen, um sie ihrem Gatten zu zeigen. Die Verkäuferin hörte dann vom Nebenzimmer aus die Unterhaltung einer weiblichen und einer männlichen Stimme. Nach einer Weile, als diese Unterhaltung verstummte, betrat die Verkäuferin das Schlafzimmer, fand es aber leer. Die Gräfin war mit den neuen Sachen verschwunden und hatte einige alte zurückgelassen.

Das angebliche gräfliche Paar erwies sich als das stellenlose Stubenmädchen D. und ihr Bräutigam, der arbeitslose Kellner K. Beide hatten die Kleidungsstücke bei dem gutgläubigen — privaten — Pfandleiher P. versetzt und den Erlös verbraucht.

130. Frau X. hat ihren Ehemann im Verdacht der Untreue. Sie begibt sich zu der Wahrsagerin W. und bittet diese, ihr doch zu helfen. Die W. erklärt, eine solche Auskunft übersteige ihre Macht, Frau X. solle sich daher an ihr zugetane Geister wenden. Wenn sie in einer Vollmondnacht ihr goldenes Handtäschchen und ihren Brillantring am Grabe ihrer Eltern vergrübe, werde sie 8 Tage später die Antwort auf ihre Frage in dem Handtäschchen vorfinden. Den Ring würden allerdings die Geister als Entgelt behalten.

Die sehr leichtgläubige Frau X. kommt dem Rat der W. in vollem Umfange nach, findet aber nach 8 Tagen statt der erhofften Antwort weder Handtäschchen noch Ring mehr vor. Der Staatsanwalt, der nicht an Geister glaubt, erhebt gegen die W., bei der Handtäschchen und Ring vorgefunden werden, Anklage. Weswegen? A.

131. A. hatte Silberzeug, Wäsche und andere wertvolle Sachen gestohlen und sie für eine erhebliche Summe dem Hehler X. überlassen. Am gleichen Abend erschien er bei X. und erbat und erhielt von diesem die Erlaubnis, einen ihm gehörigen Reisekorb bei X. in Verwahrung zu geben. In dem Reisekorb aber befand sich der geisteskranke Bruder des A. Dieser kletterte nachts aus dem Korb, packte die ganze noch verpackt daliegende Beute des früheren Diebstahls des A. in den Korb und schaffte denselben zu A., der den Inhalt wieder an sich nahm.

132. A. und B. sind Miteigentümer eines Pferdes, das in einem von ihnen gemeinsam gemieteten Stalle, zu dem jeder von ihnen den Schlüssel hat, untergestellt ist. Als A. verreist ist, geht der völlig mittellose X. zu B., spiegelt ihm vor, A. habe ihm das Pferd unter Voraussetzung seiner, des B., Zustimmung unter Stundung des Kaufpreises verkauft, und bestimmt dadurch den B., ihm das Pferd zu übergeben, das er sofort weiterveräußert, um mit dem Erlös zu verschwinden.

133. In der Wohnung des A. war von der Gasanstalt ein Geldautomat aufgestellt, der dazu diente, dem A. gegen Einwurf eines Zehnpfennigstückes eine bestimmte Menge Kochgas zuzuführen. Der darin befindliche Geldbehälter war verschlossen; er wurde periodisch von einem Angestellten der Gasanstalt mit dem dazu bestimmten Schlüssel geöffnet und geleert. A. öffnete mittels eines Nachschlüssels den Geldbehälter und entnahm demselben Teile seines Inhalts, die er für sich verbrauchte.

134. A. hat durch gewaltsame Ablösung des Plombenverschlusses den in seiner Werkstatt aufgestellten Münz-

gasmesser der Berliner Gas-Betriebs-AG. geöffnet und aus der Automatenkasse die für seinen Gasverbrauch während der ersten Hälfte des Monats darin angesammelten 20,60 M. sich angeeignet.

Nach der Wegnahme dieses Geldes hat er fast täglich Zehnpfennigstücke immer wieder in den Schlitz des Gasmessers geworfen, um das für den Betrieb der Werkstatt nötige Gas verbrauchen zu können. Die Geldstücke hat er der Automatenkasse jedoch stets sofort wieder entnommen.

Bei der üblichen Standaufnahme am Ende des Monats stellte der Kassierer fest, daß die Kasse leer war und der Gasverbrauch sich in dem Monat auf 41 M. belief. A. hat diese Summe dann in Raten bezahlt.

135. Der Knecht A. öffnet mit einem Nachschlüssel den in der Speisekammer seines Herrn stehenden Vorratsschrank, um daraus ein Stück Speck zu entwenden, das er alsbald zu verzehren gedenkt. In dem Vorratsschrank findet er zu seiner Überraschung eine seinem Herrn gehörige Geldbörse mit reichem Inhalt. Im Begriffe, dieselbe zwecks Zueignung zu sich zu stecken, wird er von seinem Mitknecht B. überrascht, der ihm die Börse gewaltsam entreißt und ihren Inhalt für sich verwendet.

136.* Der Student Ehrlich erstattet folgende Strafanzeige an die Staatsanwaltschaft:

Als ich gestern abend um 8 Uhr in mein Zimmer kam, fand ich daselbst meine Wirtin, die verwitwete Müller, mit ihren beiden Freundinnen, den verehelichten Schulze und Schmidt, bei einem Kaffeeklatsch. Ich stellte sofort fest, daß sie dabei mein Kaffeegeschirr gebraucht und ein großes Stück eines Kuchens, den ich zu meinem gestrigen 20. Geburtstage von meinen Eltern geschickt erhalten und in dem Schrank verschlossen hatte, verzehrt hatten. Um den Kuchen zu erlangen, muß die Müller den Schrank mit einem Nachschlüssel geöffnet haben. Meine Kaffeetasse hat einen Sprung davongetragen. Ich beantrage die Bestrafung der Müller wegen aller ihr zur Last fallenden Straftaten.

PS. Soeben vermisse ich aus dem Schrank ein Paar Manschettenknöpfe aus Horn; Wert 5 M.

Die Müller erklärt auf Befragen:

Ich glaubte nicht, daß mein Zimmerherr so früh nach Hause kommen würde, und habe dies auch meinen Freundinnen gesagt. Die Kaffeetasse habe ich aus Versehen beschädigt. Dagegen räume ich ein, mit einem zweiten Schrankschlüssel, den ich noch besitze, den Schrank geöffnet zu haben, um den Kuchen herauszuholen. Als ich den Schrank geöffnet hatte, sah ich die Manschettenknöpfe darin liegen und, da ich sie gebrauchen konnte, steckte ich sie ein. Angesichts des unbedeutenden Wertes derselben dürfte nur auf Antrag verfolgbarer Diebstahl vorliegen. Herr Ehrlich wird mich nicht unglücklich machen und den Strafantrag zurückziehen.

Ehrlich erklärt:

Ich nehme meinen Strafantrag zurück.

137. A. versuchte in der Schankwirtschaft des N. aus der Tasche des Beinkleides des am Nebentisch sitzenden X. dessen Geldbörse zu entwenden. Da die Tasche indessen zugeknöpft war, schnitt A. die Tasche unterhalb des Knopfes mit einem Messer auf, entnahm der Tasche die Börse und verwandte deren Inhalt für sich. Die Börse warf er fort.

138. Die A. war bei dem Regierungsrat R. im Sommer als Dienstmädchen angenommen, nach einem Monat aber wieder entlassen, als die Herrschaft eine Reise antrat. Sie ging nun zu einem Schlosser, der sie als das R.sche Dienstmädchen kannte und von ihrer Entlassung nichts wußte, gab diesem an, sie sei von der Reise zurückgeschickt worden, um ihrer Herrschaft verschiedene Sachen aus der Wohnung zu holen, habe aber die Schlüssel verloren. Hierdurch bewog sie den arglosen S., ihr die Wohnungstür und sogar den Schreibtisch der Frau Regierungsrat zu öffnen. Nachdem S. die Wohnung verlassen hatte, entwendete die A. aus der Wohnung Kleidung, Wäsche und aus dem Schreibtisch einen Hundertmarkschein und verschwand damit. Außerdem verzehrte sie gleich an Ort und Stelle verschiedene aus der Speisekammer entwendete Nahrungsmittel und drehte, um sich für die Entlassung zu rächen, in dem Schlafzimmer der Eheleute R. die Wasserleitung auf mit dem Erfolge, daß das herausströmende Wasser einen großen Teil der Zimmereinrichtung verdarb, den Fußboden durchdrang und in der unter der des Regierungsrats belegenen Wohnung des Hauseigentümers X. nicht nur die Zimmerdecke, sondern auch verschiedene Einrichtungsgegenstände beschädigte.

139. Die Aufwartefrau A., die vier unmündige Kinder zu ernähren hat, entwendet ihrer Dienstherrschaft einen Platinring, den sie für Silber und daher für geringwertig hält. Sie veräußert den Ring an den Händler B., der ihr „aus besonderem Entgegenkommen" 5 M. zahlt, da er merkt, daß die A. von dem wahren Werte des Ringes nichts ahnt. A.

140. Der Fabrikant F. hatte die Händler X., Y. und Z. in Verdacht, daß von ihnen veräußerte Tuchballen aus seiner Fabrik entwendet seien. Um sie zu entlarven, stellte er seinem Arbeiter A. einen Posten Tuchballen aus seiner Fabrik zur Verfügung. Seiner Weisung gemäß veräußerte A. die Tuchballen an X., dem gegenüber er sie als aus der Fabrik des F. gestohlen bezeichnete. X. veräußerte die Tuchballen mit derselben Angabe an Y, Y einen Teil der Tuchballen mit derselben Angabe an Z.

141. A. schuldet dem B. 200 M. Bei der Rückzahlung gibt A. dem B. irrtümlich statt, wie er will, 2 Hundertmarkscheinen 2 Tausendmarkscheine, die B., obwohl er den Irrtum erkennt, einsteckt und zur Bezahlung einer eigenen Schuld verwendet. Nachträglich erkennt auch A. seinen Irrtum, erklärt dies unverzüglich dem B. und verlangt die 2 Tausendmarkscheine zurück. B. leugnet, etwas anderes als 2 Hundertmarkscheine erhalten zu haben.

142. A. hatte dem B. ein Buch geliehen. Dieses Buch verlieh B. — mit Erlaubnis des A. — weiter an C. Nach einigen Tagen trug C., der den B. für den Eigentümer des

Buches hielt, dem B. an, ihm das Buch käuflich zu überlassen. B. willigte in die Veräußerung ein, empfing dagegen von C. den Kaufpreis und verbrauchte ihn für sich.

143. Der Prokurist P. des Bankiers B. hat Wertpapiere des Kunden K., die bei B. in offenem Depot lagen, aber Eigentum des K. waren, im Namen und für Rechnung des B. bei dem Bankhaus X. lombardiert.

Wie ist er zu beurteilen? Wie ist es, wenn er auf Anweisung des B. gehandelt hat? Wie ist es, wenn X. die Rechtswidrigkeit der Lombardierung gekannt hat?

144. A. hat gutgläubig einen gestohlenen Teppich für 100 M. käuflich erworben. Nachträglich erfährt er, daß der Teppich gestohlen ist. Er fragt seinen Freund B. um Rat, wie er sich verhalten soll. B. erbietet sich, den Teppich für A. im eigenen Namen um 120 M. weiterzuveräußern unter der Bedingung, daß ihm die Hälfte des Gewinnes zufällt. Nach einigem Bedenken willigt A. ein und übergibt dem B. den Teppich. Hier wird er, noch ehe B. seine Absicht ausführen kann, von der Polizei beschlagnahmt.

145. Der 51 jährige Friseur F. hatte die 21 jährige, mittellose Y. geheiratet und völlig neu eingekleidet. Nach kurzer Zeit verließ die Y. ihren Ehemann heimlich unter Mitnahme aller von F. angeschafften Kleidungsstücke. Als wenige Tage darauf F. seine Frau auf der Straße traf, riß er ihr nach kurzem Wortwechsel trotz ihres Widerstandes ein Tuch und eine Schürze vom Leibe und nahm die Sachen mit sich, da sie von ihm angeschafft waren. Die Y. erstattete Strafanzeige, was F. mit Stellung eines Strafantrages gegen die Y. erwiderte.

146. In der Wohnung des Bankiers X. erschienen eines Abends, als der Bankier ins Theater gefahren war, zwei Männer, die einen zusammengerollten Teppich brachten. Obgleich das Dienstmädchen des X. erklärte, ihr sei von einer Bestellung des Teppichs durch ihre Herrschaft nichts bekannt, ließ sie sich doch durch die gegenteiligen Versicherungen der Überbringer bestimmen, die vorläufige

Niederlegung des zusammengerollten Teppichs in dem Korridor zuzulassen. Unvermutet kam der Bankier unmittelbar nach dem Weggang der Männer nach Hause und fand zu seiner Überraschung den unbestellten Teppich vor. Als er ihn aufrollte, entstieg ihm ein mit Brechwerkzeugen bewaffneter Mann, der sofort auf X. mit einem Brecheisen einschlug, so daß X. besinnungslos niederstürzte. Darauf zog der Verbrecher dem X. dessen Schreibtischschlüssel aus der Tasche, öffnete damit den Schreibtisch des X. und war gerade im Begriff, daraus Geld und Wertpapiere zu entnehmen, als andere Hausbewohner herbeieilten, denen es gelang, des Eindringlings habhaft zu werden. Es wurde festgestellt, daß dieser der beschäftigungslose A. war, der sich durch seine Spießgesellen B. und C. in die Wohnung des X. hatte schleppen lassen, um dort in Abwesenheit des X. dessen Schreibtisch zu erbrechen und auszuplündern. X. wurde erst nach längerem Krankenlager wieder hergestellt.

147. Die reiche Witwe A. hatte die Bekanntschaft des eleganten Dr. B. gemacht. Auf Aufforderung des B. machte sie mit ihm eines Tages einen Spaziergang in den Grunewald. An einer einsamen Stelle trat der C. aus dem Gebüsch, setzte dem B. einen Revolver an die Schläfe, drückte ab, worauf B. zu Boden stürzte. Nunmehr setzte C. den Revolver der A. auf die Brust, nötigte ihr sämtliche Wertsachen ab und verschwand mit ihnen. Die A. eilte davon, um Hilfe für B. zu holen. Als sie aber an den Ort der Tat zurückkam, war B. verschwunden.

Es wurde ermittelt, daß B. — der zur Führung des Doktortitels gar nicht befugt war — mit C. unter einer Decke gesteckt hatte, daß der Revolver nur mit Zündhütchen geladen gewesen war, und daß die beiden Spießgesellen die der A. abgenötigten Wertsachen unter sich geteilt und verwertet hatten.

148. Der stellungslose Kellner A. hat der B., die an einem Herzleiden erkrankt war, vorgespiegelt, er sei Arzt, und sich erboten, sie zu heilen. Er hat sie auf ihr Zimmer

in dem Sanatorium, in dem sie sich aufhielt, begleitet, ihr dort eine Morphiumeinspritzung gemacht und ist, während sie in tiefem Schlaf lag, mit ihrem gesamten Gelde und ihren sämtlichen Schmucksachen verschwunden.

149. Auf der Durchreise begriffen, hatte Frau A. in dem Wartesaal des B.schen Bahnhofs Platz genommen. Außer ihr befand sich in demselben nur noch ein elegant gekleideter Herr, mit dem sie bald ins Gespräch kam. Im Laufe des Gesprächs wurde Frau A. plötzlich von unwiderstehlicher Müdigkeit befallen. Als sie erwachte, war der Zug, auf den sie gewartet hatte, längst abgefahren. Aber auch ihr Begleiter war verschwunden, von ihrer Reisetasche war das Schloß abgelöst und ihr gesamter wertvoller Schmuck aus der Tasche entwendet. Starke Übelkeit besagte ihr zur Genüge, daß ihr Schlaf durch Chloroformierung herbeigeführt worden war.

Als der Täter wurde der elegante Herr ermittelt, ein der Polizei wohlbekannter C., der soeben aus dem Zuchthaus entlassen war, wo er eine Strafe wegen Diebstahls im strafschärfenden Rückfall verbüßt hatte.

Weswegen ist C. diesmal zu bestrafen?

150. A. tötet den B., um sich den Inhalt seiner Geldbörse anzueignen; dem Toten nimmt er die Börse nebst Inhalt aus der Tasche und verwendet den Inhalt für sich.

Weswegen ist A. strafbar?

Weswegen wäre A. strafbar, wenn er B. mit vorgehaltener Pistole zur Hingabe der Börse genötigt hätte?

151. A. hat sich zur Nachtzeit in das Haus des allein wohnenden B. eingeschlichen, hat den im Bette liegenden und schlafenden B. durch einen Pistolenschuß getötet, die Leiche aus dem Hause geschleppt und im benachbarten Walde verscharrt. Darauf ist A. — dem vorher bereits entworfenen Plane gemäß — in das leerstehende Haus zurückgekehrt, hat den Schreibtisch des B. erbrochen und sich das darin befindliche Bargeld zugeeignet.

152. Der Diener des städtischen Krematoriums D. ist geständig:

1. in einem Falle einer zur Verbrennung eingelieferten Leiche einen goldenen Stiftzahn ausgebrochen zu haben;
2. in einem anderen Falle einer zur Verbrennung eingelieferten weiblichen Leiche die goldenen Ohrringe, mit denen sie nach dem Willen der Angehörigen verbrannt werden sollte, abgenommen zu haben;
3. in einem dritten Falle ein Schmuckstück, das er in der Asche einer verbrannten Leiche fand, sich zugeeignet zu haben.

Alle genannten Wertgegenstände hat D. veräußert und den Erlös für sich verwendet.

153. Der A. hat an drei verschiedenen Tagen derselben Woche bei drei verschiedenen Gastwirten folgendes Manöver ausgeführt. Er ließ sich eine Portion Essen geben und mengte derselben heimlich eine mitgebrachte tote Maus bei. Dann ließ er sich den Gastwirt kommen, stellte denselben entrüstet zur Rede und ließ sich nur durch einen Hundertmarkschein dazu bestimmen, von der Sache weiter kein Aufhebens zu machen.

154. Der Händler A. hat erfahren, daß der Hausdiener B. seinem Dienstherrn, dem Fabrikanten F., wiederholt Waren entwendet und dieselben veräußert hat. A. nötigt nun den B. durch die Drohung, sein Vergehen anzuzeigen, dazu, dem F. fortgesetzt weiter Waren zu entwenden und sie ihm, dem A., billig zu verkaufen.

155. Der Kassierer eines Warenhauses (A.) hat wiederholt vereinnahmte Gelder aus der Kasse entnommen und zu seinem Nutzen verwendet. Um die von ihm geführten Bücher mit dem Kassenbestand übereinstimmend zu machen, hat er falsche Eintragungen gemacht und die Bücher in dieser Form dem Inhaber des Warenhauses (B.) vorgelegt. Schließlich entdeckt B. gelegentlich einer Revision das Treiben des A., erklärt sich aber auf dessen Bitte bereit, von der Strafanzeige Abstand zu nehmen, wenn A. außer vollem Schadenersatz 100 M. in die Armenkasse zahle. Nunmehr erklärt A., gegen B. wegen dieses an ihn gestellten Ansinnens seinerseits Strafanzeige erstatten zu wollen, wenn nicht B. auf jede Strafanzeige und die Geltendmachung aller Ansprüche an ihn verzichte. Die Angelegenheit kommt zur Kenntnis der Staatsanwaltschaft. Gegen wen und weswegen wird sie Anklage erheben?

156. M. hat einen Mord begangen. Sein Freund F., dem bekannt ist, daß W. von diesem Verbrechen weiß, läßt den W. zu sich kommen und fragt ihn, wieviel Geld er haben wolle, um von einer Strafanzeige gegen M. abzusehen. Nach einigem Zögern sagt W.: „1000 M.", worauf ihm F. tatsächlich die geforderte Summe auszahlt. W. sieht infolgedessen von einer Strafanzeige ab.

Wie ist der Fall strafrechtlich zu beurteilen? Wie wäre es, wenn F. dem W. zu seiner Forderung nur verleitet hätte, um ihn eines strafbaren oder wenigstens unlauteren Verhaltens zu überführen und dadurch seine Glaubwürdigkeit zu erschüttern und, statt ihm das Geld auszuzahlen, ihn der Polizei angezeigt hätte?

157. Als der Eisenbahnzug sich der deutschen Grenzstation näherte, klagte der Reisende X. dem im gleichen Abteil sitzenden Frl. Y., daß er nun die für seine Ehefrau mitgebrachten Schmucksachen sehr hoch werde verzollen müssen. Frl. Y. erbot sich darauf, die Schmucksachen anzulegen, um sie zollfrei über die Grenze zu bringen. X. willigte ein, der Plan wurde ausgeführt und gelang. X. wartete indessen vergeblich darauf, daß seine Reisegefährtin ihm die Schmucksachen zurückgäbe. Die Y. hatte unterdessen beschlossen, die Lage auszunutzen. Als X. sie kurz vor Ankunft an dem gemeinsamen deutschen Reiseziel dringend um Rückgabe der Schmucksachen bat, verweigerte sie die Herausgabe mit dem Hinzufügen, wenn X. die Behörde gegen sie in Anspruch nähme, werde sie dafür sorgen, daß seine Defraudation ans Licht käme. Da X. wußte, daß ihm in letzterem Falle Konfiskation der defraudierten Gegenstände und eine dem Vierfachen der vorenthaltenen Abgaben gleichkommende Geldstrafe erwarteten, so blieb ihm nichts übrig, als von Schritten zur Wiedererlangung seiner Schmucksachen abzusehen.

158. A. forderte den B. auf, mit ihm gemeinsam den X. zu berauben, mit dem Versprechen, daß B. den größeren Teil der Beute erhalten sollte. B. nahm die Aufforderung an. Nachträglich änderten beide ihren Plan. B. schrieb auf Diktat des A. an X. einen anonymen Brief, in dem X. mit Anzeige wegen Sittlichkeitsvergehens bedroht wurde, wenn er nicht binnen bestimmter Frist an einem bestimmten Ort 10000 M. hinterlegte. X. willfahrte diesem Verlangen, aber erst, nachdem er vorher die Kriminalpolizei benachrichtigt hatte. Als A. sich von dem bestimmten Ort mit der abgeholten Geldsumme entfernen wollte, sah er sich zwei Kriminalbeamten gegenüber. Es gelang ihm zu entkommen. Erst später wurden A. und B. festgenommen. Die erbeutete Summe hatten sie inzwischen verbraucht.

159. Gelegentlich einer bei dem Angestellten der Teppichfirma X. & Co. stattfindenden Haussuchung wurde ein aus den Beständen der Firma stammender Teppich gefunden, den A. der Firma entwendet hatte. A. behauptete, den Teppich im Geschäft des ihm befreundeten B. gekauft zu haben, und legte zum Beweise dieser Behauptung im Laufe des gegen ihn eingeleiteten Strafverfahrens eine von B. quittierte Rechnung über den Teppich vor. In Wahrheit hatte auf sein Bitten ihm B. diese Quittung im Bewußtsein ihrer Unrichtigkeit und in Kenntnis ihres Verwendungszweckes ausgestellt.

Wie ist der Fall strafrechtlich zu beurteilen? Würde es für die Verantwortlichkeit des B. einen Unterschied machen, wenn A. in dem gegen ihn eingeleiteten Strafverfahren zu Unrecht rechtskräftig freigesprochen wäre?

160. Im Auftrage des A. überbringt Landgerichtsrat L. dem B. eine Herausforderung zum Zweikampf mit Pistolen. Der Zweikampf findet ohne Sekundanten statt und A.

fällt. In dem darauf gegen B. eingeleiteten Strafverfahren hat L. als Untersuchungsrichter die Voruntersuchung zu führen. Um die Sache zu vertuschen, läßt er dem B. durch den in den Sachverhalt eingeweihten C. nahelegen, B. solle vor L. aussagen, A. sei von ihm nicht im Zweikampfe, sondern in Notwehr bei einem gegen ihn verübten Angriff erschossen worden. Da B. die ihm drohende Strafe vermeiden will, geht er darauf ein. Er wiederholt seine Angaben in der Hauptverhandlung, die infolgedessen mit seiner Freisprechung endet.

161. Auf Privatklage des Vormundes der minderjährigen P. ist A. wegen übler Nachrede verurteilt worden, weil er behauptet hatte, die P. stehe in geschlechtlichen Beziehungen zu dem Z. Die Verurteilung erfolgte, nachdem Z. zeugeneidlich jeden geschlechtlichen Verkehr mit der P. abgeleugnet hatte. Da sich nachträglich die Unwahrheit dieser Aussage herausstellte, wurde gegen Z. ein Meineidsverfahren eröffnet. In der Hauptverhandlung gegen Z. leugnete nunmehr die als Zeugin vernommene P. uneidlich der Wahrheit zuwider jeden Geschlechtsverkehr mit Z. ab. Nichtsdestoweniger wurde Z. wegen Meineides verurteilt.

Wie ist die P. strafrechtlich zu beurteilen? Sie entschuldigt ihre falsche Zeugenaussage damit, daß sie gefürchtet habe, sich durch Angabe der Wahrheit der Teilnahme an dem Meineid des Z. zu bezichtigen.

162. Der mit Bewachung der Geschäftsräume des Goldwarenhändlers G. betraute Privatwächter P. hat sich einen Nachschlüssel verschafft und seine Dienststunden benutzt, das ihm anvertraute Geschäft zu plündern. Die entwendeten Waren hat P. bei dem Trödler T. abgesetzt. T. hat aber nicht nur die rechtswidrige Tätigkeit des P. ausgebeutet, sondern auch die seines eigenen 11 jährigen Jungen J. J. entwendete fortgesetzt Waren aus dem benachbarten Geschäft des Eisenwarenhändlers E. und brachte sie seinem Vater, der sie an sich nahm und verwertete, ohne nach ihrer Herkunft zu fragen.

163. Der 16jährige L. war bei einem Rechtsanwalt als Schreiber beschäftigt. Er hat diesem teils aus dem offenen Geldschrank, teils aus der Brieftasche nach und nach 2000 M. entwendet und sich mit dem Gelde Sachen der verschiedensten Art, wie ein Fahrrad, ein Grammophon, Kleidungsstücke, Lebensmittel, angeschafft. V., der Vater des L., hat von den Entwendungen und von der Verwendung des Geldes Kenntnis gehabt, den mit dem entwendeten Gelde angeschafften Sachen aber nicht nur Unterstand gewährt, sondern sie auch mitbenutzt und mitgenossen.

164. Zu dem als gewerbsmäßigen Hehler bekannten A. kommen zwei Diebe B. und C., um die gestohlenen Sachen bei ihm abzusetzen. A. erklärt, er habe keine Lust, sich wieder einer Bestrafung wegen Hehlerei auszusetzen, mache aber folgenden Vorschlag: B. und C. sollten die gestohlenen Sachen untereinander tauschen, dann könne er jedem von ihnen die eingetauschten Sachen ohne Gefahr einer Bestrafung zu billigem Preise abnehmen.

Ist die Rechtsansicht des A. richtig?

165. A. will den B. bestimmen, bei X. zu stehlen. Da er aber nicht weiß, wie die Beute verwertet werden soll, begibt er sich vorher zu dem Althändler C., teilt ihm sein Vorhaben mit und bittet ihn, die zu stehlenden Sachen zu kaufen. C. verspricht es ihm. Nunmehr bestimmt A. den B. unter Hinweis auf die Zusage des C. zur Tat. B. führt den Diebstahl aus, übergibt die gestohlenen Sachen dem A., der sie — wie verabredet — bei C. absetzt. Der Erlös wird von A. und B. geteilt.

166. A. und B. haben bei X. verschiedene Sachen, darunter Teppiche und Betten, gestohlen und die Beute unter sich verteilt. Darauf hat A. die ihm zugefallenen Sachen bei dem mit der Sachlage vertrauten Y. verborgen. Einige Tage später hat auch B. die ihm zugefallenen Sachen dem Y. in Verwahrung gegeben. Zu seiner Tätigkeit ist Y. sowohl von A. als auch von B. durch eine Belohnung bestimmt worden. Wie ist Y. strafrechtlich zu beurteilen?

Wie wäre es, wenn er seinen Beistand dem A. und dem B. vor Begehung des Diebstahls zugesagt hätte?

167.* Der Kassierer einer Bank hatte sich 100000 M. aus der Kasse zugeeignet und in Spekulationen verloren. Von Gewissensbissen gequält, war er schon in Begriff, seinen Vorgesetzten Mitteilung zu machen, als ihm einfiel, sich erst bei einem Rechtsanwalt Rat zu holen. „Welche Summe steht Ihnen zur Zeit in der Kasse zur Verfügung?" fragte der Rechtsanwalt, als er den Sachverhalt erfahren hatte. „Noch 100000 M." erwiderte der Kassierer. „Bringen Sie mir dieselben und überlassen Sie mir das Weitere", war die Antwort. Nachdem der Rechtsanwalt das Geld erhalten, schrieb er an die Direktoren der Bank folgenden Brief: „Einer Ihrer ersten Beamten hat der Bank 200000 M. entlehnt und ist außerstande, dieselben zurückzuzahlen. Da bleibt demselben nur die Kugel. Angesehene Freunde haben sich aber anheischig gemacht, die Hälfte des entlehnten Betrages zu ersetzen unter der Bedingung, daß niemand nach dem Namen des Schuldigen forscht und insbesondere von jeder Strafverfolgung abgesehen wird. Zu diesem Zweck sind 100000 M. bei mir deponiert. Die Angelegenheit müßte aber binnen 24 Stunden geordnet sein." Noch in der nämlichen Nacht trat das Bankdirektorium zu einer Sitzung zusammen, beschloß einstimmig, den Vorschlag des Rechtsanwalts anzunehmen und die Regelung dem Kassierer, dem einzigen, den man ins Vertrauen ziehen müsse, zu übertragen. Eine Gehaltszulage belohnte die Verschwiegenheit des vertrauenswürdigen Kassierers.

168. Der Kassenbote K. verabredete mit seinem Freunde F., daß F. dem K. die mit Banknoten gefüllte Tasche, die K. im Auftrage seines Bankhauses zur Reichsbank trug, entreißen, sich auf einem Fahrrad davonmachen und den Raub mit K. teilen solle. Der Plan wurde ausgeführt, und K. gab seinem Dienstherrn an, das Opfer eines Raubüberfalls gewesen zu sein. Die beiden Gauner erbeuteten auf diese Weise 70000 M., welche sie untereinander teilten.

169. Als die A. eines Mittags die Treppe zu ihrer Wohnung hinaufstieg, begegnete ihr ein Mann, der einen Teppich trug. Die A. fragte den Mann, ob er Angestellter der bekannten Teppichreinigungsfirma X. sei, was der Mann bejahte. Die A. fragte weiter, ob er bereit sei, auch ihre Teppiche zum Reinigen mitzunehmen, was der Gefragte gleichfalls bejahte. Die A. übergab ihm darauf aus ihrer Wohnung einige Teppiche, mit denen jener das Haus verließ. Es ergab sich, daß der gefällige Mann nicht ein Angestellter der Firma X. war, sondern daß er aus der im oberen Stockwerk belegenen Wohnung des B., in die er sich mittels Nachschlüssels Eingang verschafft hatte, einen Teppich entwendet und nun die ihm von der A. übergebenen Teppiche als weitere willlkommene Beute davongetragen hatte.

170. Die Kellnerin A. erhält, sooft sie bei dem Gastwirt B. Dienste leistet, eine größere Anzahl Biermarken, gegen deren Hingabe ihr am Schanktisch Bier verabfolgt wird. Bei der abendlichen Abrechnung hat sie dem B. die noch in ihrem Besitz befindlichen Biermarken zurückzugeben und so viel Gläser Bier zu bezahlen, als die Differenz zwischen den erhaltenen und den noch in ihrem Besitz befindlichen Biermarken beträgt. Die A. entwendet nun eines Tages dem B. eine Anzahl Biermarken, steckt sie zu den von B. empfangenen, läßt sich dafür am Schanktisch Bier geben und behält das dafür eingenommene Geld bei der Abrechnung für sich zurück.

171. A. nimmt den dem B. gehörigen Regenschirm aus dessen Gewahrsam weg und verpfändet ihn bei dem Pfandleiher X.; den Pfandschein übersendet A. dem B. Wie ist A. strafrechtlich zu beurteilen, wenn er sich von vornherein vorgenommen hat, wie geschehen zu handeln und dabei die bürgerlichrechtliche Tragweite seiner Handlungen für B. und X. gekannt hat?

172. Die unverehelichte E. und ihr Liebhaber L. beabsichtigen, bei dem Kaufmann K. zu stehlen. Da sie in

Erfahrung gebracht hatten, daß Frau K. ein Dienstmädchen suchte, so setzten sie folgenden Plan ins Werk. Die E. begab sich auf ein Gesindevermietungsbureau, wo sie sich als Hausfrau ausgab, die ein Dienstmädchen zu mieten suchte. Als solche mietete sie die X. und ließ sich von ihr ihre Legitimationspapiere aushändigen. Mit Hilfe dieser vermietete sich die E. bei Frau K. als Mädchen. In der ersten Nacht, nachdem sie zu K. gezogen war, ließ sie L. in die Wohnung. Beide erbrachen den Schreibtisch des K. und entwendeten aus ihm Geld und Wertpapiere, mit welchen sie flüchtig wurden.

173. Der Kassenbote H. hat aus dem Geldschrank seines Dienstherrn eine Anzahl mit Blankoindossament versehener Namensaktien entwendet. Er hatte zu diesem Zweck zunächst versucht, den Schrank gewaltsam zu öffnen, von weiterer Gewaltanwendung aber abgesehen, als ihm die gewaltsame Öffnung nicht gelang und er die richtigen Schrankschlüssel fand. Die entwendeten Aktien hat H. dem Händler Y. überbracht. Dieser hat die Papiere, in Kenntnis der Tat des H., an sich genommen und sie an verschiedene gutgläubige Personen veräußert. Den Erlös haben H. und Y. geteilt.

174. Die in einem Warenhaus angestellte A. hatte die auf ein Sammelbuch gekauften Waren von den einzelnen Lagern abzuholen und nach der Sammelkasse zu bringen. Sie bestellte nun ihre Freundin F. nach einer bestimmten Stelle des Warenhauses und händigte ihr dort eines der eingesammelten Pakete aus. Die von der A. entsprechend instruierte F. brachte das Paket nach dem Lager, aus dem es stammte, zurück und erklärte dort, sie habe es gekauft und wolle es zurückgeben. Auf den empfangenen Auszahlzettel ließ sich dann die F. den angeblich von ihr gezahlten Kaufpreis an der dazu bestimmten Kasse des Warenhauses zurückzahlen, um ihn später mit der A. zu teilen.

175. A. spiegelte dem B. vor, er könne ihm eine Kassenbotenstelle bei einer Versicherungsgesellschaft besorgen, deren Direktor ihm bekannt sei. Darauf verschaffte sich A. Eingang in die Räume des Direktors im Geschäftshaus der Gesellschaft und empfing dort, durch einen falschen Bart unkenntlich gemacht, als Direktor den B. Er nahm den B. auch gleich als Kassenboten an und ließ sich von ihm als Sicherheitsleistung dessen Sparkassenbuch geben, das über 1100 M. lautete. Anderen Tages erhob er diesen ganzen Betrag bei der Sparkasse und verwandte ihn für sich.

176. Der 18jährige Kaufmannslehrling Max K. hatte festgestellt, daß der Großhändler X. mit der Bankfirma Y. & Co. in Verbindung stand. Unter dem Namen des X. rief er die Bank durch Fernsprecher an und teilte ihr mit, daß er ein neues Scheckbuch brauchte, und daß ein Bote, den er näher beschrieb, kommen werde, es abzuholen. Die Beschreibung paßte auf K. selbst. Als er indessen bei der Bank erschien, hatte die Bank das Scheckbuch schon durch die Post an X. gesandt. Nunmehr rief K. unter dem Namen der Bank bei X. an und teilte mit, die Bank habe ihm versehentlich ein Scheckbuch gesandt. Es werde ein Bankbote kommen, um es wieder abzuholen. Als K. als Bankbote bei X. erschien, um das Scheckbuch abzuholen, wurde er indessen festgenommen. Inzwischen hatte sich nämlich X. nochmals unmittelbar mit der Bank in Verbindung gesetzt und festgestellt, daß ein Verbrechen im Gange war. K. gestand, die Absicht gehabt zu haben, auf den Schecks die Unterschrift des X. zu fälschen, die Schecks auszufüllen und zu verwerten.

177. A. war Leiter einer Fabrikationsabteilung, B. kaufmännischer Angestellter der Kraftwagenbauwerke X. & Co. Beide haben im Einverständnis mit C. folgenden Plan ins Werk gesetzt: B. vermerkte auf Formularen der Firma die Annahme von erdichteten Aufträgen des C. zur Reparatur von Radreifen. Die eine Ausfertigung derselben leitete B. an A., die andere an die Expedition der Firma. A. versah neue Reifen seiner Abteilung mit dem entsprechenden

Reparaturvermerk und leitete sie an die Expedition. Von dort wurden die Reifen dem C. zugesandt, der die Reparatur bezahlte, die Reifen verkaufte und den Überschuß mit A. und B. teilte.

178. In eine Geflügelhandlung trat eine Dame, kaufte eine daselbst ausgehängte fette Gans für den Preis von 20 M., zahlte 15 M. an und erklärte, in etwa einer Viertelstunde würde ihr Dienstmädchen gegen Zahlung des Restbetrages die Gans abholen. Wirklich kam nach einer Viertelstunde, nachdem die Dame den Laden verlassen hatte, ein Mädchen, das 5 M. erlegte, dafür die Gans ausgehändigt erhielt und sich mit ihr entfernte. Als indessen nach weiteren 10 Minuten wirklich das Dienstmädchen der Käuferin der Gans erschien und gegen das Angebot von 5 M. die gekaufte Gans herausverlangte, stellte sich heraus, daß ein Gaunerstreich vorgelegen haben mußte.

Die Ermittelungen ergaben, daß die verehelichte A., welche den Kauf der Gans im Laden angehört hatte, die Gans durch ihre 16 Jahre alte, von ihr in den Sachverhalt eingeweihte Tochter B. hatte abholen lassen. Die Gans hatten beide verzehrt; an dem Schmause hatte der Ehemann und Vater C. teilgenommen, nachdem ihm seine Frau triumphierend den gelungenen Streich mitgeteilt hatte.

179. A. hat ein dem B. gehöriges Fahrrad unterschlagen und es dem gutgläubigen C. unter Verschweigung dieses Umstandes verkauft und übergeben. Nach Entdeckung der Täuschung hat C. auf Verlangen des Landjägers das Fahrrad dem B. zurückgegeben.

180.* Der Jockei J. hat auf Veranlassung des W., der große Summen auf „Andromeda" gesetzt hatte, das von ihm gerittene Pferd „Ariadne" des Rennstallbesitzers R., das als Favorit vom Start gegangen war, kurz vor dem Ziel absichtlich zurückgehalten. W. hatte ihm dafür eine Belohnung von 500 M. versprochen und hat sie ihm nach dem Rennen gezahlt.

a) Wie sind J. und W. strafrechtlich zu beurteilen?

b) Wie wäre es, wenn statt des W. der Buchmacher B., der die Auszahlung der hohen Gewinne für den Sieg „Ariadnes" vermeiden wollte, den J. zu seinem Verhalten bestimmt hätte?

c) Der Rennausschuß hatte das Vorkommnis bemerkt und J. auf ein Jahr disqualifiziert. Der Sportredakteur Sp. brachte daraufhin in seinem Wochenblatt einen Artikel, in dem ein Sportberichterstatter X. den J. als einen „Turfschieber" bezeichnete. J. erhebt daraufhin gegen Sp. und X. Privatklage. Werden sie verurteilt werden? Würde es einen Unterschied machen, wenn sich herausstellte, daß J. nicht absichtlich gehandelt hatte, die Entscheidung des Rennausschusses also zu Unrecht ergangen ist? Wäre J. strafbar, wenn er in der Privatklage wider besseres Wissen behauptet hätte, der Rennausschuß habe ihm Unrecht getan?

181. A. hatte gehört, daß eine bestimmte Marke seiner Lieblingszigaretten im Preise steigen werde. Er begab sich zu dem Zigarrenhändler Z., um noch vor der Preissteigerung einen größeren Posten zu erwerben, erhielt aber den Bescheid, daß die verlangte Marke nicht vorrätig sei. Da A. argwöhnte, daß Z. die Zigaretten nur der erwarteten Preissteigerung halber zurückhalten wolle, schrieb er unter dem Namen eines erfundenen Hotelbesitzers X. an Z. einen Brief, in dem er den Z. ersuchte, ihm einen größeren Posten der fraglichen Zigaretten zu verkaufen und sie dem Überbringer gegen Barzahlung auszuhändigen. A. rechnete dabei darauf, daß Z. einem Hotelbesitzer den Verkauf nicht weigern werde. Den bezeichneten Brief ließ A. durch seinen in den Sachverhalt eingeweihten Freund F. dem Z. überbringen. Doch erhielt auch F. den Bescheid, daß die verlangte Marke nicht vorrätig sei.

182. In einer Zeitung erschien ein Inserat, laut dessen eine junge, hübsche und reiche Witwe die Bekanntschaft eines eleganten Herrn zwecks Heirat zu machen wünschte. Darauf meldeten sich unter der angegebenen Chiffre etwa 200 Bewerber. Jeder von ihnen erhielt einen mit dem

Namen „Krause“ unterzeichneten Brief, in dem als Stelldichein ein Konzertabend angegeben wurde. Die Ersehnte würde in der ersten Parkettreihe sitzen und an einer vorgesteckten Rose erkennbar sein. Alle 200 Herren fanden sich darauf an dem angegebenen Abend im Parkett des Konzertsaals ein, konnten jedoch die bezeichnete Dame nicht ermitteln. Es kam zu einem lebhaften Tumult der Enttäuschten. Die Ermittelungen ergaben, daß Urheber des Inserates und der Briefe der konzertierende Künstler Antonelli war, der auf diese Weise sein Konzert zu füllen versucht hatte.

183. Die beiden stellungslosen Handlungsgehilfen A. und B. hörten auf der Straße, wie zwei Herren, die schwere Handtaschen trugen, einem Droschkenkutscher klagten, daß sie zugereist seien und in keinem Gasthof Unterkunft finden könnten, wie darauf der Kutscher ihnen vorschlug, er werde sie zur D.schen Bank fahren, dort könnten sie ihre Handtaschen dem Portier zur Verwahrung übergeben und sich dann in Muße ein Unterkommen suchen. A. und B. vermuteten mit Recht, daß die Handtaschen Wertgegenstände enthielten. Sie folgten daher der mit den beiden Herren davonfahrenden Droschke, und nachdem sie sich überzeugt hatten, daß die Fremden wirklich ihre Handtaschen dem Pförtner der D.schen Bank zur Verwahrung übergeben und sich entfernt hatten, gingen sie in einen benachbarten Gasthof und ließen sich dort einen mit dem Namen des Gasthofs versehenen Briefbogen nebst Umschlag geben. Auf den Briefbogen schrieb A. eine Anweisung an den Pförtner der Bank, dem Überbringer die Taschen auszuhändigen. Er unterzeichnete die Anweisnng mit einem erfundenen Namen, legte einen Zweimarkschein als Trinkgeld für den Pförtner bei und übergab den Brief dem Hausdiener des Gasthofs mit dem Auftrage, die Taschen zu holen. Als der Hausdiener die ihm anstandslos ausgehändigten Taschen brachte, erklärten A. und B., sie wollten, da sie in dem Gasthof kein passendes Zimmer finden könnten, wieder abreisen. Sie nahmen dem Hausdiener die Taschen ab, brachten sie in ihre Wohnung, öffneten sie dort gewaltsam und entdeckten darin eine große Zahl wertvoller Schmucksachen. Bei dem Versuche, dieselben zu verkaufen, wurden sie festgenommen.

184. Der Eierhändler E. in X. ärgerte sich darüber, daß der am Orte wohnende Kaufmann K. nicht von ihm, sondern von einem Konkurrenten Eier bezog. Er erschien wiederholt in den Geschäftsräumen K.s und machte Offerten, doch erklärte K. stets, daß er mit seinem Lieferanten sehr zufrieden wäre. Nichtsdestoweniger stellte E. seine Besuche nicht ein. Mit der Häufigkeit dieser Besuche hielt gleichen Schritt die Zahl der Frauen, die dem K. schlechte Eier zurückbrachten, die sie kurz vorher bei ihm gekauft hatten. K. zerbrach sich den Kopf, weshalb er plötzlich von seinem Lieferanten so schlecht bedient würde, bis er eines Tages entdeckte, daß E. bei einem seiner Besuche mehrere bereitgehaltene schlechte Eier zu dem von dem Konkurrenten stammenden Eiervorrat des K. legte.

185. A., der mit seiner Ehefrau in Gütergemeinschaft lebt, liegt mit ihr in Scheidung. Um sich mit ihrem Schaden zu bereichern, bewegt er durch Versprechen einer Provision von 100 M. den B., folgendes Manöver auszuführen: B. verklagt den A. mit der — unwahren — Behauptung, ihm ein Darlehn von 3000 M. gegeben zu haben, das jetzt fällig sei. Im Termin erscheint A. nicht und wird durch Versäumnisurteil zur Zahlung von 3000 M. verurteilt. Auf Grund des vollstreckbaren Urteils bewirkt B. Zwangsvollstreckung in das Gesamtgut und läßt einige dazugehörige Aktien pfänden. Den Erlös liefert er mit Abzug seiner Provision von 100 M. nach erfolgter Scheidung und Auseinandersetzung der Ehegatten an A. ab, der ihn für sich verwendet.

186. X. und seine Frau leben in Gütergemeinschaft. Nachdem Frau X. Scheidungsklage erhoben hat, hat auf Anstiften des X. sein Freund Y. aus einer erdichteten Darlehnsforderung von 20000 M. gegen X. einen Zahlungs- und

Vollstreckungsbefehl erwirkt und Antrag auf Zwangsversteigerung des gütergemeinschaftlichen Grundstücks gestellt. Den auf ihn fallenden Versteigerungserlös sollte Y. an X. herausgeben. Y. zog aber, von Reue erfaßt, den bereits gestellten Versteigerungsantrag zurück.

187. Die X. und ihr uneheliches Kind, dieses vertreten durch seinen Vormund, haben den Y. auf Zahlung der Entbindungs- und Sechswochenkosten, sowie von Unterhalt verklagt. Y. wendet ein, daß der X. innerhalb der Empfängniszeit der verheiratete Z. beigewohnt habe, und benennt den Z. als Zeugen. Da Z. sein Zeugnis verweigert, wird die Klage abgewiesen. Nachträglich ergibt sich, daß Z. mit der X. nichts zu tun gehabt, vielmehr im Einvernehmen mit Y. gehandelt hat.

188.* X., der erwerbsunfähig und vermögenslos ist, will sich von seiner Frau scheiden lassen, um nach der Scheidung auf ihre Kosten — Frau X. ist vermögend und bezieht ein Einkommen von 30000 M. — ein sorgenloses Junggesellendasein zu führen. Er wendet sich an den Privatdetektiv Y. und bestimmt diesen, seine Frau in der Sommerfrische, in der sie sich zur Zeit befindet, zum Ehebruche zu verleiten.

Y. nähert sich der Frau X. unter dem Namen eines Freiherrn von F., und es gelingt ihm, sein Vorhaben auszuführen. X. erhebt nun Scheidungsklage. Y. wird im Scheidungsprozeß als Zeuge des Klägers vernommen und auf seine den Ehebruch mit Frau X. bestätigende Aussage beeidigt. Das Scheidungsurteil, das Frau X. für alleinschuldig erklärt, wird rechtskräftig, worauf X. gegen seine bisherige Ehefrau Strafantrag wegen Ehebruchs stellt und auf standesgemäßen Unterhalt klagt.

Wie ist der Fall strafrechtlich zu beurteilen? Würde sich an der Beurteilung etwas ändern, wenn Y. im Scheidungsprozeß seine Aussage verweigert, das Landgericht aber gleichwohl die Zeugnisverweigerung in Verbindung mit dem Geständnis der Frau X. als genügend zum Beweise des Ehebruchs angesehen hätte, ein Erfolg, mit dem X. und Y. von vornherein rechneten? A.

189. A. hat für das ihm gehörige Kraftfahrzeug hohe Versicherung genommen und wünscht die Versicherungssumme zu erhalten. Er bestimmt durch Zusicherung eines Anteiles daran seinen Kraftwagenführer B., den er in seinen Plan einweiht, das Kraftfahrzeug in Brand zu setzen. B. kommt der Aufforderung nach, A. meldet den stattgehabten Brand der Versicherungsgesellschaft und erhält in der Tat die Versicherungssumme, von der er den versprochenen Anteil an B. abgibt.

190. A. hat für sein Warenlager hohe Versicherung gegen Einbruch genommen. Um sich einen Teil der Versicherungssumme zu verschaffen, bestimmt er den B. durch Zahlung von 20 M. und das Versprechen eines Anteils an der erwarteten Versicherungssumme, die Tür des Lagerraumes zu erbrechen, einige Gegenstände von unbedeutendem Wert daraus zu entwenden und alles nach Art gewerbsmäßiger Einbrecher herzurichten.

B. tut wie ihm geheißen. A. meldet bei der Versicherungsgesellschaft den Einbruch, stellt eine lange Liste der ihm angeblich entwendeten wertvollen Gegenstände auf und erhebt darauf einen beträchtlichen Teil der Versicherungssumme. B. erhält den bedungenen Anteil.

191. A. hat verschiedene Wertsachen gestohlen und den B. damit betraut, sie zu versilbern und den Erlös an ihn abzuführen. B. sollte dafür eine Belohnung erhalten. B. hat die Sachen auch abgesetzt, aber auf Grund nachträglicher Überlegung den Erlös behalten und für sich verwendet. Darauf hat A. dem B. einen Brief geschrieben, in dem er ihm den Erlös unter Todesdrohungen abfordert.

192. A. und B. haben gemeinschaftlich einen Diebstahl begangen. A. übernimmt es, die Beute zu versilbern. Statt aber, wie verabredet, die Hälfte des Erlöses an B. abzuliefern, behält A. den ganzen Erlös und verwendet ihn für sich. Wie ist das Verhalten des A. gegenüber B. strafrechtlich zu beurteilen? Wie wäre es strafrechtlich zu beurteilen, wenn A. von vornherein in der Absicht, den B. um seinen Anteil am Erlöse zu bringen, den B. durch Vorspiegelung der Tatsache, er werde mit B. teilen, bestimmt hätte, ihm die Versilberung der Beute zu überlassen?

193. A. hat mit B. vereinbart, dem B. in der Weise Geld zu verschaffen, daß er ein Blankoakzept des B. als Aussteller auf 5000 M. ausfülle, den Wechsel bei einer Bank diskontiere und den Erlös dem B. aushändige. Im übrigen vereinbarungsgemäß handelnd, hat indessen A. den Erlös nicht an B. abgeliefert, sondern für sich verwendet. Wie ist A. strafrechtlich zu beurteilen, wenn er

a) von vornherein beabsichtigt hat, wie geschehen zu handeln?

b) diesen Entschluß erst nach Empfang des Blankoakzepts von B,

c) erst nach Empfang des Geldes für den diskontierten Wechsel von der Bank gefaßt hat?

194. A. hat dem X. ein Fahrrad gestohlen. Er will es verkaufen und erzählt seine Absicht dem B. B. spiegelt dem A. vor, er habe eine Gelegenheit, das Fahrrad teuer zu verkaufen. Dadurch bestimmt er den A., ihm das Fahrrad zum Verkauf in eigenem Namen zu überlassen. B. veräußert dann dem gutgläubigen Z. das Fahrrad seinem von vornherein gefaßten Plane gemäß nicht nur in eigenem Namen, sondern auch für eigene Rechnung und verwendet den Preis, statt ihn, wie bedungen, an A. abzuliefern, zur Bezahlung eigener Schulden.

Wie ist B. strafrechtlich zu beurteilen? Macht es einen Unterschied, ob B. wußte, daß das Fahrrad gestohlen war? Wie ist es, wenn er den Entschluß, das Fahrrad für eigene Rechnung zu verkaufen, erst nach Empfang des Fahrrades gefaßt hat? Wie ist es, wenn er den Entschluß, den Kaufpreis für sich zu verwenden, erst nach dessen Einziehung faßte?

195. Der Konkursverwalter K. führt, entsprechend dem Beschlusse der Gläubigerversammlung, das Geschäft des in

Konkurs gefallenen Gastwirts G. für Rechnung der Konkursmasse fort. Zu diesem Zweck läßt K. die Gastwirtschaft durch den G., den er hierfür bezahlt, weiterbetreiben. Anstatt aber, wozu er ausdrücklich verpflichtet ist, die gesamte Einnahme täglich dem K. abzuliefern, behält G. wiederholt eingenommene Gelder zurück und verwendet sie für sich.

196. A. hat als Bevollmächtigter des B. eine Geldforderung desselben eingezogen, aber das Geld nicht an B. abgeführt, sondern für sich verbraucht.

Wie ist A. strafrechtlich zu beurteilen? Kann er sich darauf berufen, daß ihm aus dem der Vollmacht zugrunde liegenden Rechtsverhältnisse gegen B. eine Gegenforderung in gleicher Höhe zugestanden habe?

197. Der Hausverwalter V. der Aktiengesellschaft Grünefelder Gaswerke ließ sich von dem Direktor der Gesellschaft ermächtigen, altes Metall, welches der Gesellschaft gehörte, im Namen der Gesellschaft zum Preise von mindestens 40000 M. zu verkaufen. V. veräußerte das Metall dann zu 60000 M., lieferte aber, wie er von vornherein beabsichtigt hatte, seinem Machtgeber nur 40000 M. ab, indem er erklärte, einen höheren Preis nicht erzielt zu haben.

Wie ist V. strafrechtlich zu beurteilen? Wie, wenn er den Verkauf mit Ermächtigung des Direktors im eigenen Namen abgeschlossen hätte?

198. Der Gerichtsvollzieher V. hatte von mehreren Gläubigern des S. Vollstreckungstitel gegen S. mit dem Auftrage erhalten, bei S. zu vollstrecken. Durch Bitten und Geschenke des S. ließ sich V. dazu bestimmen, die Vollstreckungen zu unterlassen. Dennoch nahm er Pfändungsprotokolle auf, in denen er die ihm aufgetragenen, aber unterlassenen Pfändungen als vorgenommen beurkundete. Als ein Gläubiger des S., G., ihn drängte, nahm V. einen Versteigerungserlös, den er aus einer anderen bei einem Schuldner X. für dessen Gläubiger Y. vorgenommenen Vollstreckung vereinnahmt hatte, und schickte ihn, als bei S. beigetrieben, an G.

199. Der Zimmerkellner Z. eines großen Hotels hat jahrelang folgendes getan: Wenn die Gäste morgens bei Bestellung ihres ersten, auf dem Zimmer einzunehmenden Frühstücks auch Eier bestellten, richtete er diese letztere Bestellung nicht in der Küche aus. Er hatte sich nämlich selbst einen Eiervorrat zugelegt, bei dem ihm das Ei auf 10 Pf. zu stehen kam. Aus diesem Vorrat legte er die von ihm auf einem Spirituskocher gekochten Eier dem Frühstück, welches er den Gästen auf das Zimmer brachte, zu, erklärte, daß die Eier sofort bezahlt werden müßten, und nahm für jedes Ei den in dem Hotel üblichen Preis von 50 Pf. ein, den er für sich behielt.

200. A. hatte dem B. notarielle Generalvollmacht erteilt mit dem begrenzten Auftrage, sein, des A., Grundstück zu verkaufen. Statt dessen belastete B. das Grundstück mit einer Hypothek, deren Valuta er für sich verbrauchte. Als darauf auf Anzeige des A. gegen B. ein Strafverfahren anhängig gemacht wurde, bat B. den A. flehentlich, er möge ihn in der Hauptverhandlung entlasten, er werde auch den A. voll entschädigen. Darauf hat A. in der Hauptverhandlung wider besseres Wissen eidlich ausgesagt, er habe den B. auch zur Hypothekenbestellung und Verfügung über die Valuta ermächtigt, worauf B., unter Auferlegung der Kosten auf A., freigesprochen wurde. Nach Rechtskraft des Urteils weigerte sich B., den A. zu entschädigen, und fügte höhnisch hinzu, er habe sein Versprechen von vornherein nicht ernstlich gemeint, und, wenn A. jetzt etwas gegen ihn unternehme, werde er dem A. ein Strafverfahren anhängen.

201. Der Abschlußagent A. reist für die Firma X. und schließt in deren Namen mit den Kunden der Firma Kaufverträge ab. Er überweist aber die Bestellungen, einer zwischen ihm und der Firma Y. getroffenen Abrede gemäß, dieser Firma und läßt die Bestellungen durch diese Firma ausführen. Da die Lieferungen der Firma Y. zur Zufriedenheit der Kunden ausfallen, lassen diese sich die Unterschiebung gefallen und zahlen der Firma Y.

Wie ist der Fall zu beurteilen? Wie wäre es, wenn die von der Firma Y. gelieferten Waren minderwertig wären und daher von den Kunden, als gar nicht bei Y. bestellt, zurückgewiesen würden? Wie wäre es, wenn A. den Entschluß, die Bestellungen der Firma Y. zu überweisen, erst nach Abschluß der Geschäfte gefaßt hätte?

202. Kaufmann A. in X. schuldet dem Kaufmann B. in Y. 400 M. Er fragt B. an, ob es ihm recht wäre, wenn er auf das Bankkonto des B. bei der Bank in Y. 500 M. überwiese mit der Auflage, daß B. davon an einen anderen in Y. wohnhaften Gläubiger des A., namens Z., 100 M. abführe. B. erklärt sich damit einverstanden und A. überweist 500 M. auf das Bankkonto des B. Nachdem dies geschehen ist, besinnt sich B. eines anderen und verwendet die ganzen 500 M. für sich.

Wie ist der Fall zu beurteilen? Wäre es anders, wenn A. dem B. die 500 M. nicht durch Banküberweisung, sondern durch Postanweisung übermittelt hätte?

203. Die Kontoristin K. hatte mit dem Ingenieur Paul A. Beziehungen unterhalten, die dieser aber gelöst hatte. Sie schob die Schuld dem Umstand zu, daß A. sich für ein Frl. Marie B. interessiere. Um sich an beiden zu rächen, sandte sie der in der Stadt meist gelesenen Zeitung ein Schreiben folgenden Wortlauts: „Hierdurch ersuchen wir um Einrückung folgender Anzeige:

Als Verlobte empfehlen sich:

Ingenieur Paul A.
Marie B.

Z., im Dezember 1926.

Xstraße 1 Ystraße 2.“

Dem Schreiben war ein zur Deckung der Insertionskosten ausreichender Betrag beigefügt. Die Anzeige ist tatsächlich in der Zeitung erschienen.

204. Die A. war mit dem B. verlobt. Sie erfuhr von dritter Seite, daß die W. versuchte, den B. zu einer Auflösung des Verhältnisses zu bestimmen. Um diesen Versuchen zu begegnen, faßte die A. den Entschluß, sich an die W. gerichtete Briefe zu verschaffen, die geeignet wären, die W. in den Augen des B. bloßzustellen und den B. dem Einfluß der W. zu entziehen. Zu diesem Zweck füllte sie ohne Wissen der W. ein zu Anträgen wegen Bestellung von Postsendungen bestimmtes Formular dahin aus, daß alle an die W. adressierten Postsendungen beim Postamt Z. postlagernd zu bestellen seien. Diesen Antrag unterschrieb sie mit dem Namen der W. und reichte ihn bei dem Postamt ein. Einige der dementsprechend postlagernd verwahrten Briefe hat die A. auch abgeholt und behalten.

205. Karlemann hat sich durch formgerechten Vertrag von Schmidt an Kindes Statt annehmen lassen, der Vertrag ist durch das zuständige Gericht bestätigt worden. Daraufhin hat Karlemann u. a. eine bei Gericht eingereichte eidesstattliche Versicherung mit dem Namen „Schmidt" unterschrieben. Es stellt sich heraus, daß der Adoptivvertrag nur zum Schein geschlossen worden ist, zu dem Zweck, dem vielfach vorbestraften und übel beleumdeten Karlemann die Führung des Namens „Schmidt" zu ermöglichen.

206. A., der auf Befehl des Amtsgerichts X. in Untersuchungshaft saß, entwendete im Amtsgerichtsgebäude ein amtliches Formular. Er versah es mit der amtlichen Siegelmarke, die er aus einer in seinem Eigentum befindlichen Urkunde herausschnitt, und füllte es wie folgt aus:

Verfügung.

Auf Antrag der Staatsanwaltschaft zu X. wird der gegen A. erlassene Haftbefehl aufgehoben. A. ist sofort zu entlassen.

X., den usw. Amtsgericht.

Name des Amtsrichters.

Dieses Schriftstück legte A. unbemerkt auf den Tisch des Oberinspektors des Untersuchungsgefängnisses, der, nachdem er davon Kenntnis genommen hatte, sofort den A. aus der Haft entließ. Zuvor war in Gegenwart des A. der amtsgerichtliche Entlassungsbefehl als Grund der Entlassung in das Gefangenenbuch eingetragen worden.

207. Eine Zeitung hatte unter der Rubrik „Aus der Gesellschaft“ die den Tatsachen entsprechende Mitteilung gebracht, daß sich Herr von X. mit Frl. R., Tochter des Fabrikbesitzers Herrn Georg R., verlobt habe. Um den Fabrikbesitzer R., mit dem er in Feindschaft lebte, in seiner gesellschaftlichen Stellung herabzusetzen, schrieb A. eine mit dem Namen Georg R. unterzeichnete Postkarte an die Redaktion der betreffenden Zeitung, in der er verlangte, jene Mitteilung möge dahin berichtigt werden, daß Georg R. nicht Fabrikbesitzer, sondern Glasermeister sei.

208. Die Kellnerin A. hat auf den in der Gastwirtschaft, in welcher sie tätig war, ausliegenden Speisekarten eigenmächtig die vermerkten Preise erhöht und die so veränderten Speisekarten auf die Tische zur Benutzung der Gäste zurückgelegt. Sie hat dann wiederholt von den einkassierten Beträgen den Teil an ihren Dienstherrn nicht abgeführt, welcher dem Betrag entsprach, um den sie die vorgemerkten Preise erhöht hatte.

209.* Der mittellose A. hat auf B. einen Wechsel über 1000 M. an eigene Order gezogen und zugleich auf dem Wechsel das Akzept des B. gefälscht. A. hat dann den Wechsel an den Bankier C. indossiert, der den Wechsel diskontiert hat, weil er weiß, daß der vermeintliche Akzeptant sehr vermögend ist. Als C. den Wechsel am Verfalltage dem B. zur Zahlung präsentieren läßt, weigert B. die Zahlung, weil sein Akzept offenbar von A. gefälscht sei. Nachträglich wünscht B. den A., mit dem er befreundet ist, vor Bestrafung zu bewahren; er erklärt daher dem C., er genehmige die unter seinem — des B. — Namen erfolgte Akzeptierung des Wechsels durch A. und löst den Wechsel ein.

210. Der Gesellschafter Meier der offenen Handelsgesellschaft „Müller & Meier“ war durch den Gesellschaftsvertrag von der Vertretung der Gesellschaft ausgeschlossen, der Ausschluß auch in das Handelsregister eingetragen und bekanntgemacht. Eines Tages wollte Müller verreisen. Er händigte einen von ihm mit der Firma der Gesellschaft gezeichneten Scheck dem Meier aus, damit Meier die Geschäftskosten während Müllers Reise bestreiten könne. Meier setzte nun unter die Firmenunterschrift die Worte „in Vertretung Meier“. Auf diese Weise gelang es ihm, bei der Bank, auf die der Scheck lautete, den Anschein zu erwecken, als sei auch er zur Vertretung der Gesellschaft ermächtigt und die Bank durch weitere, entsprechend unterschriebene Schecks zur Zahlung von Summen weit über den Betrag jenes Schecks hinaus an ihn, als anscheinenden Vertreter der offenen Handelsgesellschaft, zu veranlassen. Die zuviel erhobenen Gelder verbrauchte Meier für sich.

211. Der Eisenbahnbeamte A. war nach X. versetzt worden und hatte Anspruch auf Erstattung der Umzugskosten. Obwohl er den Umzug durch einen zufällig auch nach X. verziehenden Freund hatte bewerkstelligen lassen und nur geringe Umzugskosten gehabt hatte, bestimmte er den ihm bekannten und in seinen Plan eingeweihten 18jährigen Lehrling Lehmann der Speditionsfirma Sauer & Co., ihm auf einem Formular der Firma eine Rechnung über einen ausgeführten Umzug in Höhe von 500 M. auszustellen, unter die Rechnung eine Quittung über diesen Betrag zu setzen und sie mit den Worten „per procura Sauer & Co. Lehmann“ zu unterzeichnen. Die quittierte Rechnung legte A. seiner vorgesetzten Behörde zur Erstattung der 500 M. vor, wobei indessen der Sachverhalt entdeckt wurde.

212. Als der A. im Theater an der Garderobe seinen Mantel auf Nr. 401 abgab, bemerkte er, daß unmittelbar vor ihm ein Herr einen kostbaren Pelz auf Nr. 400 abgegeben hatte. A. änderte darauf während der Vorstellung heimlich in der Nummer seiner Garderobenmarke die Ziffer 1 in 0 ab, verließ kurz vor Schluß der Vorstellung den Zuschauerraum und erhielt in der Garderobe gegen Hingabe der abgeänderten Marke statt seines abgetragenen Mantels den kostbaren Pelz, mit dem er sich eilig davonmachte.

213. Die Ehefrau A. hatte 2 Sparkassenbücher in Verwahrung, deren eines auf den Namen ihres Ehemannes, deren anderes auf ihren eigenen Namen lautete. Gemeinschaftlich mit ihrem Liebhaber X., den sie für ihren Ehemann ausgab, hat sie beide Sparkassenguthaben unter Aushändigung der Bücher schriftlich gegen Entgelt dem gutgläubigen Bankier Y. abgetreten. Die das Sparkassenguthaben des A. betreffende Abtretungsurkunde hat X. allein mit dem Namen des Ehemannes A., die das Sparkassenguthaben der Ehefrau A. betreffende Abtretungsurkunde haben die A. mit ihrem eigenen Namen und X. mit dem Namen des Ehemannes A. und dem Bemerken unterschrieben, daß er der Abtretungserklärung seiner Frau zustimme. Beide haben die Abtretungsurkunden zusammen mit den Sparkassenbüchern dem Y. gemeinsam überreicht. Mit dem erhaltenen Geld sind X. und die A. flüchtig geworden.

214. Die Ehefrau A. hat in einem auf den Namen ihres Ehemannes ausgestellten Sparkassenbuch mit einer Einlage von 12 M. deren Ziffernbetrag durch Anfügen von 2 Nullen in der Pfennigrubrik geändert. Obgleich infolgedessen der abgeänderte Eintrag nichts anderes bezeichnete, als was der Eintrag schon vorher besagte, ist es der A. doch ihrem Plane gemäß durch Vorzeigen des Sparkassenbuches gelungen, bei ihrer Freundin F. den Glauben zu erwecken, das Sparkassenguthaben betrage 1200 M. und sie hierdurch zur Gewährung eines Darlehns von 600 M. an die Ehefrau A. zu bestimmen. Der Ehemann A. hat seiner Ehefrau zu ihrer Tat, in die er eingewilligt hatte, das Sparkassenbuch überlassen.

215. X. hat der Bauersfrau B. einen mit dem Namen des Kossäten K. unterschriebenen Brief geschrieben, in dem Frau B. mit der Drohung, daß es sonst ein Unglück geben werde, aufgefordert wurde, dem ehebrecherischen Verkehr ihres Mannes mit Frau K. ein Ende zu machen. Beweggrund des X. war, daß er selbst der Frau K. nähertreten und sich der gefürchteten Nebenbuhlerschaft des B. entledigen wollte. In Wahrheit hat ein ehebrecherischer Verkehr zwischen B. und Frau K. niemals bestanden.

216. Anna Lüger lebt mit Karoline Unschuldig und Berta Harmlos in bitterer Feindschaft. Um sich an beiden gleichzeitig zu rächen, schreibt sie an eine gemeinsame Bekannte Dora Einfältig einen mit Berta Harmlos unterzeichneten Brief, in dem die nicht erweislich wahre Tatsache behauptet wird, Karoline Unschuldig sei die Diebin eines von der Adressatin vermißten Ringes.

217. Der Gastwirt G. veranstaltete ein Preisschießen, bei dem er Preise von 10 M. für alle diejenigen aussetzte, die genau ins Zentrum der Scheibe träfen. S. bestimmte nun durch ein Geschenk von 3 M. den Zeiger Z., unbemerkt, wenn die Reihe zu schießen an S. kommen würde, das Zentrum der Scheibe so zu durchlochen, als ob es von einem Geschosse getroffen wäre. S. verfehlte dann absichtlich die Scheibe. Z. aber beurkundete einen Treffer auf der von ihm durchlochten Scheibe und legte diese dann dem G. vor, der die 10 M. anstandslos an S. auszahlte.

218. Als A. mit der Staatseisenbahn an der Endstation X. anlangte, stellte er fest, daß er die vor Antritt der Fahrt gelöste Fahrkarte verloren hatte. Um sich allen Weiterungen, vor allem der Pflicht zur Nachzahlung des Fahrpreises zu entziehen, durchlochte er eine früher schon gelöste, noch unbenutzte Bahnsteigkarte mit einem Bleistift und versuchte mit der so präparierten Karte die Bahnsteigsperre zu durchschreiten. Der Bahnsteigschaffner bemerkte jedoch den Täuschungsversuch und brachte ihn zur Anzeige.

219. X. hat durch Durchlochung entwertete Eisenbahnfahrkarten derart umgearbeitet, daß sie wie neu erschienen. Er hat sie dann teils selbst, teils durch seine mit dem

Sachverhalt vertrauten Freunde Y. und Z. als unbenutzt bei den zuständigen Fahrkartenschaltern gegen Erstattung des Fahrgeldes zurückgegeben. Die durchlochten Karten hat X. von dem Bahnsteigschaffner S. erhalten, der in den Plan eingeweiht und am Gewinn beteiligt war.

Wie wäre es, wenn auch die Beamten der Schalter, bei denen die Fahrkarten zurückgegeben wurden, in den Plan eingeweiht und am Gewinn beteiligt waren?

220. Im Nachlaß der Frau B. wurde ein Schriftstück gefunden, welches „Mein letzter Wille" überschrieben, mit Ortsangabe, Datum und Unterschrift der Frau B. versehen war, und in der Frau A. zur Erbin der Frau B. eingesetzt war. Es ist erwiesen, daß dieses Schriftstück seinem ganzen Umfange nach von Frau A. selbst niedergeschrieben worden ist, allerdings im Auftrage der im Schreiben unbeholfenen Frau B. Frau A. erklärt, jedenfalls im guten Glauben gehandelt zu haben.

221. Rechtsanwalt R. hatte in der Klageschrift infolge versehentlicher Fortlassung einer Null die Höhe der Klagforderung statt auf 15000 M. auf 1500 M. angegeben. Im Termin beantragte er, unter Bezugnahme auf den Antrag der Klageschrift, Versäumnisurteil, welches, wie der Vorsitzende verkündete, nach Antrag erging. Anderen Tages bemerkte R. sein Versehen. Er ließ sich auf der Geschäftsstelle die Akten vorlegen und änderte unbemerkt sowohl in der bei den Akten befindlichen Abschrift der Klageschrift als auch in dem vom Urkundsbeamten verfaßten, von den Richtern noch nicht unterschriebenen Entwurf des verkündeten Versäumnisurteils die Zahl 1500 durch Hinzufügung einer Null in 15000 ab. Die Änderung wurde von dem Vorsitzenden, als er den Urteilsentwurf unterschreiben wollte, bemerkt.

222. Die städtische Straßenbahn in B. gibt unübertragbare Monatskarten aus, die u. a. die Unterschrift des Inhabers nebst einer von der Ausgabestelle befestigten Photographie tragen. Der Kaufmann K. hat eine solche Monatskarte für den Januar seinem Hausdiener X. ausstellen lassen. Als er aber X. Mitte Januar entläßt, hat K. auf der Monatskarte des X. dessen Photographie durch die Photographie des neu eingetretenen Hausdieners Y. ersetzt. Y. hat dann in Kenntnis des Sachverhaltes die Monatskarte für den Rest des Januar zu Fahrten auf der Straßenbahn benutzt.

223. Die Verwaltung des Bergwerks Glückauf pflegt den Bergleuten, denen ein Kind geboren wird, den Tag der Geburt des Kindes freizugeben, ohne den Lohn zu verringern. Als nun dem Bergmann A. ein Kind am Sonntag geboren wurde, verabredete er mit der bei der Niederkunft seiner Frau zugegen gewesenen Hebamme, der Frau B., indem er sie in seinen Plan einweihte, dem Standesbeamten den folgenden Montag als Geburtstag des Kindes anzuzeigen. Er selbst erwirkte gegen Erstattung derselben falschen Meldung bei der Bergwerksverwaltung zunächst am Montag Befreiung von der Arbeit und sodann am nächsten Lohntage Vollzahlung des Wochenlohnes gegen Vorlegung eines beglaubigten Auszuges aus dem Standesregister, in dem tatsächlich infolge der falschen Anzeige der Hebamme der Montag als Geburtstag des Kindes eingetragen war

224. A. bestimmte den B. durch ein Geldgeschenk, unter dem Namen des A. an seiner Stelle das Abiturientenexamen zu machen. Da indessen A. nicht den Mut besaß, von dem Reifezeugnis Gebrauch zu machen, ließ auf seine Bitte B. sich auf Grund des auf den Namen des A. ausgestellten Zeugnisses unter dem Namen des A. in die Matrikel der Universität X. und in das Album ihrer juristischen Fakultät eintragen.

225. Der Professor X. las in einem Semester sowohl über „Zivilprozeßrecht I“, als auch über „Zivilprozeßrecht II“. Der Student S. hat beide Vorlesungen gehört. Er wünscht aber, das Geld für Belegen der Vorlesung über „Zivilprozeßrecht II“ zu sparen. Er belegt daher nur die Vorlesung über „Zivilprozeßrecht I“ und radiert, ehe er das Anmeldebuch der Universitätsbehörde zur Ausstellung

der Exmatrikel einreicht, die „I“ fort. Die Universitätsbehörde hat, ohne die Änderung zu beachten, die Exmatrikel in der ordnungsmäßigen Weise ausgestellt, indem sie das Anmeldebuch durch Schnur und Siegel mit ihr verbunden hat. In dieser Form hat dann S. die Exmatrikel dem Prüfungsamt eingereicht.

226.* Die Ziehungen der Klassenlotterie eines deutschen Landes gehen in folgender Weise vor sich. In ein Rad werden die Nummern sämtlicher Lose, auf kleine, zusammengefaltete Zettel geschrieben, geschüttet, in ein anderes sämtliche Gewinne, deren Zifferbeträge ebenfalls auf kleine, zusammengefaltete Zettel geschrieben sind. An jedem Rad steht ein Beamter. Der am Losnummernrad stehende greift in das Rad, zieht eine Nummer heraus und ruft sie aus. Dann zieht der am Gewinnrad stehende aus diesem einen Gewinnzettel, um ihn auch auszurufen. Der ausgerufene Gewinn ist der auf die ausgerufene Losnummer fallende. Das Verfahren wird fortgesetzt, bis sämtliche Gewinne erschöpft sind. Beide Beamte geben den gezogenen Los- und Gewinnzettel einem zwischen ihnen stehenden Beamten. Dieser spießt die Zettel auf eine an einem Faden hängende Nadel und zieht so allmählich auf dem Faden alle gezogenen Loszettel neben den ihnen entsprechenden Gewinnzetteln auf. Die so aneinandergereihten Zettel bilden das sog. Nadelprotokoll. Außerdem wird von zwei weiteren Beamten, von denen der eine schreibt, der andere kontrolliert, ein gemeinschaftliches Protokoll geführt, welches in zwei nebeneinanderstehenden Spalten die gezogenen Losnummern und die auf sie entfallenden Gewinne aufführt. Dieses Protokoll wird am Schlusse mit dem Nadelprotokoll verglichen, danach berichtigt und von allen fünf Beamten unterzeichnet. Es wird dann auseinandergeschnitten und auf einen Pappkarton geklebt; der überklebte Karton bildet die Urschrift der veröffentlichten amtlichen Gewinnliste.

Die beiden mit der Ziehung betrauten Beamten X. und Y. haben nun im Einverständnis miteinander folgendes getan. X. nahm vor der Ziehung heimlich einen Loszettel aus dem Losnummernrad heraus und ließ durch seine in den Sachverhalt eingeweihte Ehefrau die entsprechende Losnummer kaufen. Ebenso nahm Y. aus dem Gewinnrade vor der Ziehung heimlich den Zettel mit dem Hauptgewinn heraus. Am Ziehungstage schob dann X. unbemerkt den beiseite geschafften Loszettel ein und rief die Nummer aus, als ob er den Zettel gezogen hätte. Y. rief, indem er gleichfalls unbemerkt den beiseite gebrachten Gewinnzettel einschob, den Hauptgewinn aus, als ob er durch Ziehung auf die aufgerufene Losnummer gefallen wäre. Die Ehefrau X. erhob dann den Gewinn, der zwischen X. und Y. geteilt wurde.

227. Die Ehefrau A. hatte ein Liebesverhältnis mit dem Arzt Dr. B. Um mit ihm ungestört einen Abend zu verbringen, erhöht sie auf einem Rezept, welches Dr. B. dem Ehemann A. wegen Neuralgie verschrieben hat, die daselbst verordnete Dosis Morphium und gibt die stärkere Dosis ihrem Manne ein. Der Ehemann stirbt an der Dosis. Der an das Totenbett gerufene Dr. B. erkennt sofort die Morphiumvergiftung, stellt aber auf Bitten der Frau A., die ihm den Sachverhalt gesteht, einen Totenschein auf Herzschlag aus.

Wie ist der Fall strafrechtlich zu beurteilen? Wie wäre es, wenn Dr. B. einen gleichlautenden Schein der Frau A. zur Verfügung gestellt hätte, um daraufhin bei der Versicherungsgesellschaft auf Grund der von ihr auf das Leben ihres Ehemannes genommenen Versicherung die Versicherungssumme zu erheben?

228. Der Porträtmaler M. ist infolge des Todes seines einzigen Kindes schwer körperlich leidend und gemütskrank geworden. Der Arzt äußert gegenüber der Ehefrau M., daß eine große Freude, die ihrem Manne zuteil würde, vielleicht Wunder wirken könnte. Darauf fälscht Frau M. eine Reihe von Porträtaufträgen hervorragender Persönlichkeiten und läßt sie nacheinander durch die Post ihrem Ehemanne zugehen. In der Tat bessert sich der Gesundheitszustand des M. Der Arzt meint, eine Schweizer Reise werde volle Genesung bringen, doch wissen die Eheleute nicht, wie sie hierfür das Geld aufbringen sollen. Da überrascht eines Tages M. seine Frau mit der Botschaft, er habe seine Aufträge bevorschussen lassen. Die Frau wagt nicht, den wahren Hergang zu offenbaren, da die Aufdeckung nicht nur auf den Mann niederschmetternd wirken, sondern ihn auch der Mittel für die zur Erhaltung seines Lebens notwendige Reise berauben würde. Auf der Reise stirbt M.

229. Über den Nachlaß des N. ist Konkurs eröffnet worden. Nach der Konkurseröffnung hat der einzige Sohn und alleinige Erbe des N., E., vorsätzlich einen wertvollen, zur Konkursmasse gehörigen, Brillantring seines Vaters, den er noch im Besitz hatte und als Andenken zu behalten wünschte, beiseitegeschafft.

Weswegen ist E. strafbar?

Wie wäre es, wenn E. vor der Tat die Erbschaft rechtswirksam ausgeschlagen hätte?

230. Auf Grund Auftrages und Vollmacht des A. hat B. eine Forderung des A. gegen C. in Höhe von 100 M. eingezogen. Nachdem dies geschehen war, wurde über das Vermögen des A. Konkurs eröffnet. Obwohl er dies wußte, führte B. die 100 M. an A. ab, der sie für sich verbrauchte. Als der Konkursverwalter des A. von B. die Herausgabe der 100 M. forderte, spiegelte ihm B. vor, er habe die 100 M. bereits vor Konkurseröffnung an A. abgeführt. Es gelang aber dem Konkursverwalter, den Sachverhalt zu ermitteln.

231. S. mußte erwarten, daß sein Gläubiger G. gegen ihn die Zwangsvollstreckung betreiben würde. Er führte daher mit seinem Freunde F. folgendes Manöver aus: F. erwirkte gegen S. auf Grund einer erdichteten Forderung einen Zahlungsbefehl und, da S. verabredetermaßen nicht widersprach, nach Ablauf der Widerspruchsfrist einen Vollstreckungsbefehl. Auf Grund dieses Vollstreckungsbefehls ließ F. bei S. dessen ganze Fahrnis pfänden, so daß G., um sich unnötige Kosten zu ersparen, tatsächlich von einem Vollstreckungsbetrieb Abstand nahm.

232. A. hatte gegen eine Provision übernommen, das Kraftfahrzeug des B. zu verkaufen. Er stellte das Kraftfahrzeug gegen eine monatliche Miete von 10 M. in die Garage des C. ein. Als die Miete für vier Monate aufgelaufen war, ohne bezahlt worden zu sein, ließ sich C. das Kraftfahrzeug von A., den er für dessen Eigentümer hielt, durch ausdrückliche Vereinbarung verpfänden. Später indessen, als A. Gelegenheit hatte, das Fahrzeug zu verkaufen, holte er es heimlich, ohne den C. zu befriedigen, aus der Garage und verkaufte es dem mittlerweile gefaßten Entschlusse gemäß auf eigene Rechnung. Den Erlös verwandte er für sich.

233. X. hält in einer Umzäunung einen gefangenen Rehbock. Y. wünscht das sehr schöne Geweih des Tieres zu haben. Er öffnet eines Tages die Tür der Umzäunung, um dem Rehbock eine Schlinge überzuwerfen und ihn mit sich heimzuführen. Ehe er indessen seine Absicht ausführen kann, entläuft das Tier in den nahen Wald. Es gelingt dem Y. in der unverzüglich aufgenommenen Verfolgung, den Rehbock zu erlegen.

Wie ist Y. strafrechtlich zu beurteilen:

a) wenn die Erlegung des Rehbocks auf dem Jagdrevier des X.,

b) wenn sie auf dem eigenen Jagdrevier des Y. stattfand?

234. Der Ackerbürger A. hat auf dem in Preußen belegenen Jagdrevier des X., wo zu jagen er nicht berechtigt ist, einen Hasen von unbedeutendem Wert erlegt und ihn am Küchenfenster seiner im Erdgeschoß belegenen Stadtwohnung aufgehängt. Hier wird der Hase von der vorüberkommenden Frau B. entwendet, mit nach Hause genommen und dort alsbald nach erfolgter Zubereitung verzehrt. An dem Mahle beteiligt sich der Ehemann B., dem seine Frau von ihrer Tat erzählt hat.

235.* Der Leutnant v. B. hat dem Gelddarleiher R. für einen tatsächlich empfangenen Betrag von 13000 M. nach mehrfachen, sich 2 Jahre hinziehenden Prolongationen einen Wechsel über 40000 M. ausgestellt. Außerstande, den Wechsel am Verfalltage zu bezahlen, verweigert er die Zahlung wegen Wuchers. Bevor jedoch die Protestfrist abgelaufen ist, empfängt v. B. den Besuch eines würdig aussehenden, mit Kriegsdenkmünzen dekorierten Herrn K,. welcher erklärt, er habe von der Notlage des Leutnants gehört und freue sich, als alter Veteran ihm helfen zu können. Er bietet ihm gegen Wechsel und 5 % Zinsen 40000 M. an. v. B., welcher weiß, daß er den Abschied nehmen muß, wenn der Wechsel protestiert wird, nimmt mit Freuden das Anerbieten an. Er erhält die 40000 M. und zahlt sie an R., als dieser mit einem Notar zur Protestaufnahme erscheint. Zu spät erfährt v. B. von einem Freunde, daß K. ein vielfach, darunter mit Ehrverlust vorbestraftes Individuum ist und offenbar mit R. unter einer Decke gespielt hat, um den wertlosen Wucherwechsel in einen vollwertigen Wechsel zu verwandeln.

236. A. hatte sein gegen Feuersgefahr versichertes Haus in der Absicht, die Versicherungssumme zu erlangen, in Brand gesetzt. Nachdem aber die Balken der Decke des Zimmers, wo er den Brand gelegt hatte, und die darin befindlichen, seiner Ehefrau gehörigen Möbel zu brennen anfingen, holte A., bevor der Brand entdeckt war, andere Leute herbei und löschte mit deren Hilfe den Brand, ehe er um sich greifen konnte.

237. Der Reichsbankstelle in X. wurden 4 Stück Rheinstahl-Atien zum Kauf aufgegeben. Irrtümlich wurden bei der Weitergabe an die Reichsbankzentrale 8 Stück aufgegeben, angeschafft und unter Berechnung des Betrages der Nebenstelle übersandt. Der Vorsteher V. der Nebenstelle teilte, den Irrtum erkennend, 4 Aktien, unter Belastung des entsprechenden Betrages, dem Besteller zu, vereinbarte aber mit einem anderen Beamten der Nebenstelle,

B., den er in den Sachverhalt einweihte, daß je 2 der anderen Aktien ihrem, des V. und des B., Depot, als von ihnen eingeliefert, gutgeschrieben werden sollten. Der Plan wurde durch V. ausgeführt, nachdem bereits B. aus dem Dienst der Nebenstelle und dem Beamtenverhältnis ausgeschieden war. V. bediente sich zur Gutschrift der Aktien auf sein und des B. Depot des gutgläubigen Depotbuchhalters Y.

238. Der bei der Post aushilfsweise angenommene A. sah auf dem Postamt ein Nahrungsmittel enthaltendes Paket liegen, welches die Adresse des Hauptmanns H. trug. A. überklebte die Adresse mit einem Zettel, welcher mit seiner eigenen Adresse versehen war. Die Begleitadresse vernichtete er. Das Paket wurde mit einer Notadresse — da man die vom Absender beigefügte Adresse für verloren hielt — an A. bestellt, welcher den Inhalt, ein Huhn und eine Pute, alsbald verzehrte.

239.* Der Postbeamte A. überklebte auf verschiedenen Postpaketen die Adressen mit von ihm selbst geschriebenen Adressen, die auf seinen Freund B. lauteten, vernichtete die Begleitadressen und ersetzte sie durch bereitgestellte andere, die seinen Freund B. als Adressaten und erfundene Namen als Absender bezeichneten. Auf diese Weise leitete A. die Pakete an B., der mit ihm im Einverständnis war. Der Inhalt der Pakete wurde dem gefaßten Plane entsprechend von B. versilbert, der Erlös von A. und B. geteilt.

240. Der Postbote P. war in Verdacht geraten, Postsendungen beraubt zu haben. Um ihn zu überführen, griff sein Vorgesetzter, Postrat X., zu folgendem Mittel: Er gab an seinen in den Sachverhalt eingeweihten Freund F. einen eingeschriebenen Brief auf, in dem ein Zehnmarkschein eingelegt war, und der, wie X. wußte, von P. bestellt werden mußte. Tatsächlich hat P. den Brief geöffnet, den Zehnmarkschein daraus entwendet, den Poststempel, um die Abgangszeit des Briefes unkenntlich zu machen, verschmiert und die leere Briefhülle an F. bestellt.

241. Der Kaufmann H. wußte, daß die Handelsfrau F. Handel unter Verletzung der Zollgesetze betrieb. Er begab sich darauf zum Kriminalbeamten B., dem er vorspiegelte, er habe Frau F. für 20000 M. Waren verkauft und geliefert. Frau F. verweigere aber sowohl deren Bezahlung als auch deren Herausgabe. H. bot dem B. 1000 M. Belohnung an, wenn er ihm die Sachen dadurch wiederverschaffe, daß er Frau F. durch Androhung einer Strafanzeige wegen Defraudation einschüchtere. B. nahm das Angebot an, ging zu Frau F., wies sich als Kriminalbeamter aus und erklärte ihren Warenvorrat wegen Defraudation für beschlagnahmt. B. und H. schafften die Waren darauf zu H., welcher dem B. die bedungenen 1000 M. ausbezahlte, die Waren verkaufte und den Erlös für sich verwendete.

242. Frau X. hatte von Frau Y. verschiedene Wirtschaftsgegenstände geliehen, die sie nicht gern zurückgeben wollte. Sie bestimmte den ihr befreundeten Kriminalwachtmeister Z., eine Strafanzeige von ihr aufzunehmen, daß die fraglichen Sachen ihr durch Einbruchsdiebstahl entwendet seien. In der Tat hat Z. in amtlicher Eigenschaft wider besseres Wissen eine Urkunde aufgenommen, in der er bezeugte, daß Frau X. ihm mündlich einen mit allen Einzelheiten geschilderten Einbruchsdiebstahl zur Anzeige gebracht habe.

243. Der Kaufmann A. hatte sich in eine junge Dame verliebt, die vorübergehend bei der ihm flüchtig bekannten Frau B. wohnte. Eines Tages mußte er zu seinem Leidwesen feststellen, daß die junge Dame fortgezogen war. Um ihren neuen Wohnort zu erfahren, schrieb A. an Frau B., erhielt aber keine Antwort. A. bat nun seinen Freund, den Kriminalkommissar C., in seiner amtlichen Eigenschaft die B. vorzuladen, um ihr unter irgendeinem Vorwande das Geheimnis zu entreißen. Für seine Bemühungen würde er, A., sich erkenntlich erweisen. C. willfahrte nach einigen Bedenken dem Wunsche des A. Er lud die B. zur Vernehmung in einer Strafsache in sein Amtszimmer, unter Androhung der Vorführung bei Nichterscheinen. Als die B. in das Amtszimmer des C. trat, eröffnete ihr dieser, sie sei wegen des unerklärten Verschwindens der bei ihr bisher wohnhaften jungen Dame des Mädchenhandels verdächtigt, ob sie sich von diesem Verdachte reinigen könne. Der eingeschüchterten B. blieb daraufhin nichts weiter übrig, als den neuen Aufenthaltsort der angeblich Verschleppten anzugeben. Sie wurde dann von C. entlassen, kehrte aber nochmals zurück, da sie etwas vergessen hatte, und war sehr erstaunt, den A., der ihrer Unterredung mit C. hinter einem Vorhang verborgen beigewohnt hatte, im Gespräch mit C. vorzufinden. Sie erstattete unverzüglich Strafanzeige. A.

244. A. erstattete bei der Staatsanwaltschaft Anzeige, daß B. in einem ihm gehörigen Schuppen versteckte Dynamitpatronen in der Absicht aufbewahre, damit einen Mordanschlag auszuführen. Da die sofort bei B. vorgenommene Haussuchung in der Tat die Dynamitpatronen zutage förderte, wurde B. verhaftet und gegen ihn gerichtliche Voruntersuchung wegen Verbrechens des § 7 des Sprengstoffgesetzes vom 9. Juni 1884 eröffnet. Nachdem B. 3 Monate in Untersuchungshaft gesessen hatte, ergab sich, daß A. selbst die Dynamitpatronen in dem Schuppen des B. versteckt, und daß B. niemals Kenntnis von dem Dasein des Dynamits gehabt hatte.

245. Der A. holte mit einem Hammer aus, um die B. auf den Kopf zu schlagen. Aber der Hammer war Kriegsware. Der Hammerkopf flog davon, und nur der Stiel blieb dem A. in der Hand, worauf er eiligst die Flucht ergriff. Es läßt sich nicht feststellen, ob A. die B. töten, sie in erheblicher Weise dauernd entstellen, oder ob er sie nur betäuben wollte, um sie dann auszuplündern oder zum außerehelichen Beischlaf zu mißbrauchen. Aber es ist anzunehmen, daß er einen dieser Zwecke verfolgt hat.

246.* K., Universalerbe seines Onkels O., hatte in Erfahrung gebracht, daß B. zwei Perlenknöpfe, die zum Nachlasse des O. gehörten, im Besitz habe. K. klagte gegen B. auf Feststellung seines Eigentums an den Knöpfen und ihre Herausgabe, wurde aber rechtskräftig abgewiesen, nachdem B. den ihm durch bedingtes Endurteil auferlegten Eid, die Knöpfe von O. geschenkt erhalten zu haben, geleistet hatte. Da K. der Überzeugung war, daß B. einen Meineid geleistet hatte, bestimmte er den mit dem Sachverhalt vertrauten X., dem B. die Knöpfe zu entwenden und sie ihm, dem K., auszuhändigen.

Kann gegen K. und X. Anklage erhoben werden? Weswegen? Ist in dem Strafprozeß das Gericht an das Zivilurteil gebunden? Wäre es gebunden, wenn das Zivilurteil erst nach der Tat des K. und des X. ergangen wäre? Wie wäre es, wenn das vor der Tat ergangene Zivilurteil nach der Tat auf Restitutionsklage des K. (§ 580 Nr. 1 ZPO.) aufgehoben und dem Klagantrag des K. stattgegeben wäre? (In Anknüpfung an Pagenstecher, Rhein. Ztschr. VI, 542.)

Kurze Anleitung zur Bearbeitung von Strafrechtsfällen.

1. Jede Arbeit ist zu heften, mit fortlaufenden Seitenzahlen, leserlicher Angabe des Namens des Verfassers und seiner Semesterzahl zu versehen; sie ist im Praktikum, wenn möglich, schon vor dem Fälligkeitstage abzugeben. Jeder Arbeit ist eine Disposition, die streng innezuhalten ist, und ein Verzeichnis der benutzten Literatur vorauszuschicken; ferner (in meinem Praktikum) eine Erklärung, daß dem Verfasser die folgenden Leitsätze bekannt sind und er sie zu befolgen versucht hat. Die Länge einer Arbeit ist keine Gewähr für ihre Güte.

2. Es ist genau zu zitieren, also z. B. OLSHAUSEN, Komm. z. StGB., 11. Aufl., Nr. 5 zu § 43. Wörtliche Entlehnungen sind in Anführungsstriche zu setzen. Für Schlüsse, die sich unmittelbar aus dem Gesetz ergeben, sind keine Schriftsteller zu zitieren. Für eine Auslegung, die in Wissenschaft oder Praxis die landläufige ist, mögen Lehrbücher, Kommentare oder Reichsgerichtsentscheidungen, aber nicht eine Monographie zitiert werden, in der gelegentlich diese Auslegung auch vertreten wird. Die Anführung von Autoritäten, auch des Reichsgerichts, darf niemals die eigene Begründung ersetzen.

3. Das Thema darf im Text der Arbeit nicht wiederholt werden, auch nicht in Paraphrase. Der im Thema gegebene Tatbestand darf nicht verändert werden. Auch darf das Thema nicht ohne Not durch Unterstellungen ergänzt werden. Die Anführung von Beispielen ähnlicher Fälle ist regelmäßig ganz überflüssig. Dagegen kann es sich empfehlen, zunächst zwecks Vereinfachung von Tatumständen, die den Fall verwickeln, abzusehen (z. B. im Fall 1 davon, daß die Tat vor Inkrafttreten der Strafgesetznovelle vom

19. Juni 1912 begangen ist; oder im Fall 14 davon, daß das Gewehr wider Willen des A. losgegangen ist).

4. Es ist sofort mit Unterordnung des Falles unter die in Betracht kommenden gesetzlichen Tatbestände zu beginnen, etwa so: „Es kommen folgende Delikte in Betracht." Niemals darf mit abstrakten Erörterungen, gar mit solchen, die mehr oder weniger wörtlich aus Lehrbüchern oder Kommentaren entnommen sind, begonnen werden. Abstrakte Erörterungen sind erst an der Stelle zu bringen, an der sie sich nach der Entwicklung des Falles als für die Unterordnung eines bestimmten Tatumstandes unter ein bestimmtes gesetzliches Merkmal erheblich erwiesen haben. Scheidet ein Delikt wegen Mangels eines gesetzlichen Merkmals oder wegen Gesetzeskonkurrenz (s. u. unter Nr. 8) aus, so ist dies sofort zu sagen und nicht erst nach breiter Feststellung der übrigen Deliktsmerkmale. Allgemeine oder prozessuale Voraussetzungen, wie Kausalzusammenhang, Rechtswidrigkeit, Zurechnungsfähigkeit, Strafantrag, sind nur zu erörtern, wenn der Sachverhalt Anlaß bietet, ihr Vorhandensein in Zweifel zu ziehen.

5. Eine Materie des Allgemeinen Teils erlangt Bedeutung immer nur in bezug auf einen Tatbestand des Besonderen Teils (es gibt keine Straftat der „Anstiftung", sondern nur z. B. eine Anstiftung zum Mord).

6. Der objektive Tatbestand (einschließlich des Kausalzusammenhanges) ist stets vor dem subjektiven (Vorsatz, Entschluß, Fahrlässigkeit, Absicht, Zweck, Überlegung) zu prüfen. Für den Fall des Versuchs gilt dies insoweit, als hier erst die Unvollständigkeit des objektiven Tatbestandes festzustellen ist. Die Rechtswidrigkeit (anders natürlich das Bewußtsein der Rechtswidrigkeit) ist ein Merkmal des objektiven Tatbestandes.

7. Innerhalb der Erörterung eines Delikts ist die Handlung des Täters stets vor der des Teilnehmers (Anstifters, Gehilfen) zu erörtern. Bei mittelbarer Täterschaft ist zunächst die Ausführungstätigkeit des Werkzeuges zu ent-

wickeln, da erst der Mangel eines Täterschaftsmerkmals in dieser die Möglichkeit einer mittelbaren Täterschaft ergibt. Ist dann mittelbare Täterschaft festgestellt, so ist die Tätigkeit des Werkzeuges nochmals unter dem Gesichtspunkt der Möglichkeit einer Beihilfe (so beim dolosen Werkzeug) zu prüfen.

8. Die Frage einer — ideellen oder realen — Verbrechenskonkurrenz darf erst aufgeworfen werden, nachdem eine Mehrheit von Delikten festgestellt ist. Dies gilt auch für den Fall einer Gesetzeskonkurrenz; doch wird hier das Ausscheiden eines Delikts wegen Gesetzeskonkurrenz zweckmäßigerweise gleich mit der — abzukürzenden (vgl. oben Nr. 4, Satz 4) — Feststellung des Delikts verbunden (also z. B. nach Feststellung von Diebstahl durch Einsteigen, § 243 Nr. 2 StGB.: Der daneben vorliegende Hausfriedensbruch scheidet wegen Gesetzeskonkurrenz aus).

9. Muß der objektive Tatbestand eines Delikts verneint werden, so darf nicht allein deshalb, weil der Täter aus Rechtsirrtum seine Tat für rechtswidrig oder strafbar hielt, Versuch angenommen werden. Ist in solchem Falle der Rechtsirrtum ein strafrechtlicher, so liegt jedenfalls ein strafloses Wahnverbrechen vor. Beispiel: Kann ein „blinder Passagier“ nicht wegen Betruges verurteilt werden, weil es zur Anwendung des § 263 StGB. an den Tatbestandsmerkmalen des „Irrtums“ oder der „Vermögensbeschädigung“ fehlt, so kann er auch nicht wegen versuchten Betruges bestraft werden.

10. Eine Eventualentscheidung ist dann, aber auch nur dann erforderlich, wenn entweder der der Prinzipalentscheidung zugrunde gelegte tatsächliche Sachverhalt der Aufgabe mehrdeutig oder die bei der Prinzipalentscheidung angenommene Rechtsansicht strittig ist.

11. Erwägungen der Strafzumessung sind unangemessen, da dafür durchweg die genügenden Anhaltspunkte fehlen. Dagegen ist die Feststellung des Strafrahmens zwar meist nicht erforderlich, aber verdienstlich.

Musterbeispiel.

* A. findet im Nähtischchen seiner Frau ein Paket an sie von X. gerichteter Briefe, die den vollen Beweis eines ehebrecherischen Verhältnisses ergeben. Trotz des Protestes seiner Frau nimmt A. die Briefe an sich, um sie als Beweismittel für den beabsichtigten Scheidungsprozeß zu verwahren, und weist seine Frau aus der Ehewohnung. Auf Bitten der Frau A., die sich wieder in den Besitz der Briefe zu setzen wünscht, begibt sich X. zur Nachtzeit in die Wohnung des A., in die er sich mit den noch im Besitze der Frau A. verbliebenen Schlüsseln Eingang verschafft. Er erbricht den Schreibtisch des A. und entnimmt aus ihm ein Paket, in dem er nach Beschreibung der Frau A. die Briefe vermutet. Als er im Begriff ist, sich mit dem Paket zu entfernen, kommt A. hinzu und versucht ihm das Paket mit Gewalt zu entreißen. X. setzt sich zur Wehr, und da es ihm nicht gelingt, des A. Herr zu werden, schießt er ihn mit dem für alle Fälle mitgebrachten Revolver nieder. Dann entfernt er sich mit dem Paket. Zu Hause angekommen, muß er sich überzeugen, daß das Paket gar nicht die Briefe, sondern Wertpapiere enthält, die er sofort an A. zurücksendet. A. wird von seiner Verletzung erst nach wochenlangem Krankenlager geheilt.

(Nach v. LISZT-ROSENFELD, Strafrechtsfälle, 13. Aufl., Nr. 40.)

Literaturverzeichnis.

v. OLSHAUSEN: Kommentar zum Strafgesetzbuch, 11. Aufl., 1927. — EBERMAYER-LOBE-ROSENBERG: Das Reichsstrafgesetzbuch, 4. Aufl., 1929. — FRANK: Das Strafgesetzbuch, 17. Aufl., 1926. — v. LISZT: Lehrbuch des deutschen Strafrechts, 25. Aufl., besorgt von Eb. Schmidt, 1927. — WOLFF, M.: Sachenrecht, 8. Bearb., 1929; KIPP-WOLFF: Familienrecht, 6. Bearb., 1928.

Disposition.

I. Strafrechtliche Beurteilung der Handlungen des A.
   1. Vergehen gegen § 299?
   2. Vergehen gegen § 242?
   3. Vergehen gegen § 240?

II. Strafrechtliche Beurteilung der Handlungen des X.
   1. Vergehen oder Verbrechen gegen §§ 242, 243 Nr. 2, 3, 5, 7; 252, 250 Nr. 1, 4?
   2. Vergehen gegen § 274 Nr. 1?
   3. Vergehen gegen § 123?
   4. Vergehen gegen § 303?
   5. Vergehen gegen § 240?
   6. Vergehen gegen §§ 223, 223a?
   7. Vergehen gegen § 289?
   8. Das Konkurrenzverhältnis.
   9. Schlußfeststellung.
   10. Die Rechtsfolgen.

III. Strafrechtliche Beurteilung der Handlungen der Frau A.
   1. Vergehen gegen § 242 (in bezug auf die Schlüssel)?
   2. Vergehen oder Verbrechen gegen die oben unter II 1, 2 angeführten Strafgesetze (in bezug auf die Briefe)? Teilnahme an dem Vergehen gegen § 289?
   3. Teilnahme an den Vergehen gegen §§ 123, 303, 240, 223, 223a?
   4. Das Konkurrenzverhältnis und Schlußfeststellung.

Es empfiehlt sich, zunächst die Handlungen des Ehemannes A. auf ihre strafrechtliche Erheblichkeit zu prüfen, da sie in der Hauptsache denen der anderen Personen des Falles zeitlich voraufgehen und jedenfalls zu ihnen im Gegensatz stehen. Sodann sind die Handlungen des Liebhabers X. und zuletzt die der Ehefrau A. strafrechtlich zu würdigen, da diese nur als Teilnehmerin jenes in Betracht kommt.

I. Für Beurteilung der Handlungen des Ehemannes A. kommen die §§ 299, 242, 240 StGB. in Frage.

1. § 299 scheidet aus. Es kann dahingestellt bleiben, ob und unter welchen Umständen der Ehemann befugt ist, an seine Ehefrau gerichtete Briefe zu eröffnen. Jedenfalls unterfällt dem § 299 nur die Eröffnung eines „verschlos-

senen" Briefes oder anderen Schriftstückes, d. i. eines Schriftstückes, dessen unbemerkte Eröffnung durch eine Vorrichtung auf dem Schriftstück selbst oder einer als dessen Zubehör anzusehenden Hülle verhindert werden soll (vgl. Ebermayer-Lobe-Rosenberg, Nr. 3 zu § 299). Der gegebene Sachverhalt läßt aber nicht erkennen, daß das Paket Briefe, das A. im Nähtischchen seiner Frau findet, mit einer Vorrichtung versehen ist, die seine unbemerkte Eröffnung hindern soll. Insbesondere würde die im Zweifel anzunehmende Verschnürung des Briefpakets mit Bindfaden einen Verschluß im Sinne des § 299 nicht darstellen.

2. Aber auch § 242 ist nicht anwendbar. Es kann hier dahingestellt bleiben, ob A. berechtigt ist, die Briefe seiner Frau an sich zu nehmen. Gemäß § 247 II StGB. ist der Diebstahl unter Ehegatten straflos.

3. Endlich versagt auch § 240. Zunächst könnte eine Nötigung darin gefunden werden, daß A. seine Frau aus der Ehewohnung verweist. Indessen, selbst wenn man nicht annehmen sollte, daß A. auf Grund des § 1353 II S. 2 BGB. befugt war, seine Frau sogar mit Gewalt zum Verlassen der Ehewohnung zu nötigen, so ergibt doch der Sachverhalt keinen Anhalt dafür, daß A. sich der im § 240 vorausgesetzten Nötigungsmittel der Gewalt oder Bedrohung mit einem Verbrechen oder Vergehen bedient hat. Sodann könnte eine versuchte Nötigung (§ 240 II) darin liegen, daß A. versucht, dem X. das aus dem Schreibtisch entwendete Paket mit Gewalt zu entreißen. Aber X. verübt schon bezüglich der Briefe, die er wegzunehmen glaubt, verbotene Eigenmacht (§ 858 I BGB.), und zwar selbst dann, wenn A. sie widerrechtlich an sich genommen hätte. Erst recht gilt dies bezüglich der Wertpapiere, die X. tatsächlich wegnimmt. A. ist daher gemäß § 859 I BGB. befugt, sie dem auf frischer Tat betroffenen Täter mit Gewalt wieder abzunehmen.

II. Für die strafrechtliche Beurteilung der Handlungsweise des X. kommen die §§ 242, 243 Nr. 2, 3, 5, 7, 252,

250 Nr. 1, 4, 274 Nr. 1, 123, 303, 240, 223, 223a, 289 StGB. in Betracht.

1. § 242 scheidet aus. Es mag der objektive Tatbestand des Diebstahls, die — rechtswidrige — Wegnahme einer fremden beweglichen Sache, vorliegen. Man mag sogar den subjektiven Tatbestand des Diebstahls zum Teil für gegeben halten, weil die irrige Vorstellung von der Identität der weggenommenen fremden beweglichen Sachen in bezug auf den Wegnahmevorsatz ein unerheblicher error in obiecto ist. Jedenfalls fehlt dem X., der die der Ehefrau A. gehörigen Briefe zu ihren Gunsten an sich zu nehmen glaubt, die Absicht der „Zueignung“, welche in erster Linie die Absicht der „Enteignung“, d. i. der Verdrängung des Eigentümers, voraussetzt. In bezug auf die Zueignungsabsicht bedingt also der vorliegende error in obiecto ihren Mangel und schließt mithin den subjektiven Tatbestand des Diebstahls aus.

Mit § 242 entfallen §§ 243 Nr. 2, 3, 5, 7; 252, 250 Nr. 1, 4. Es erübrigt sich also auch die Untersuchung, ob die Anwendung der von der Ehefrau A. mitgenommenen Schlüssel zur Eröffnung der Wohnung des A. durch X. die Anwendung eines „falschen Schlüssels“ im Sinne des § 243 Nr. 3 StGB. ist.

2. Auch § 274 Nr. 1 ist auf X. nicht anwendbar. Es kann dahingestellt bleiben, ob dem Ehemann A. ein die Ausschließlichkeit des Eigentums der Ehefrau A. einschränkendes Recht an den Briefen zusteht, in welchem Falle die Einwilligung der Frau A. die Widerrechtlichkeit der unternommenen Unterdrückungshandlung des X. nicht ausschließen würde. Jedenfalls ist es zu einer vollendeten Unterdrückung nicht gekommen. Dies liegt bezüglich der gar nicht weggenommenen Briefe klar zutage. Es gilt aber auch bezüglich der weggenommenen Wertpapiere, da X. sie dem Ehemann A. sofort nach Entdeckung eines Irrtums wieder zugestellt hat und der Sachverhalt keinen Anhaltspunkt für die Annahme bietet, daß A. durch die vorübergehende Entziehung des Besitzes der Wertpapiere an ihrer — immerhin denkbaren — Benutzung als Beweismittel

irgendwie behindert worden ist. Der bloße Versuch der Urkundenunterdrückung aber ist straflos (§ 43 II StGB.).

3. Dagegen ist X. wegen qualifizierten Hausfriedensbruches (§ 123 II) strafbar. Er hat die Wohnung des Ehemanns A. gegen dessen sich aus den Umständen ohne weiteres ergebenden Willen, und ohne daß ihm ein diesen Willen überwindendes Recht zur Seite stand, betreten. Er ist also in die Wohnung des A. widerrechtlich eingedrungen. Und zwar hat er die Handlung mit einem Revolver, also mit einer Waffe versehen, begangen. Dem X. waren auch alle diese Tatumstände, sowie die Widerrechtlichkeit seines Eindringens bekannt, wie sich schon daraus ergibt, daß er zu seiner Tat die Nachtzeit wählte. Daß X. sich mit dem Revolver zum Zwecke des Hausfriedensbruchs versehen hat, ist nicht erforderlich, nach dem gegebenen Sachverhalt aber sogar anzunehmen. Verfolgbar ist der Hausfriedensbruch nur, wenn A. frist- (§ 61 StGB.) und form- (§ 158 II StPO.) gerecht Strafantrag stellt (§ 123 III StGB.).

4. X. ist ferner wegen Sachbeschädigung (§ 303) strafbar. Er hat den Schreibtisch des A. erbrochen. Nimmt man mit dem Reichsgericht (Entsch. i. Strafs. XIII 206; XLIV 74; LI 112) an, daß ein „Erbrechen“ von Behältnissen im Sinne des § 243 Nr. 2 StGB., ebenso wie der „Einbruch“ im Sinne derselben Gesetzesvorschrift (RGESt. IV 354), nicht notwendig eine Substanzverletzung, sondern ein bloßes gewaltsames Auseinanderbiegen erfordere, so könnte zweifelhaft sein, ob das nach dem Sachverhalt gegebene „Erbrechen“ des Schreibtischs eine Substanzverletzung, wie sie der Begriff der Sachbeschädigung im Sinne des § 303 StGB. voraussetzt, enthält. Aber die in bezug auf § 243 Nr. 2 StGB. vertretene Rechtsansicht des Reichsgerichts kann nicht gebilligt werden. Biegen ist nicht Brechen. Richtiger Ansicht nach ist Brechen Substanzverletzung. Wenn also nach dem gegebenen Sachverhalt X. den Schreibtisch des A. erbrochen hat, so ist anzunehmen, daß er die Substanz des Schreibtisches des A. verletzt, also eine fremde

Sache beschädigt hat. Da dem X. ein Recht zu solchem Eingriff nicht zur Seite steht, hat er rechtswidrig gehandelt. Es ist endlich nach den Umständen anzunehmen, daß dem X. das Bewußtsein seiner Tat und ihrer Widerrechtlichkeit nicht gefehlt hat. Auch die Sachbeschädigung des X. ist verfolgbar nur, wenn A. frist- und formgerecht Strafantrag stellt (§ 303 III StGB.).

5. Im Gegensatz zu A. (vgl. oben Nr. I 3) ist X. auch wegen Nötigung (§ 240) strafbar. Er setzt sich, als A. versucht, ihm das entwendete Paket wieder zu entreißen, zur Wehr und schießt, da er des A. nicht anders Herr werden kann, diesen mit dem für alle Fälle mitgebrachten Revolver nieder. Er nötigt also den A. durch Gewalt zur Unterlassung der Wiederabnahme der weggenommenen Sachen. Da weiter, wie oben unter Nr. I 3 ausgeführt, A. auf Grund des § 859 II BGB. zu dieser Wiederabnahme berechtigt ist, so ist die von X. verübte Nötigung widerrechtlich. Endlich hat X. den zum Tatbestande des § 240 erforderlichen Vorsatz. Dies liegt hinsichtlich der Kenntnis der den Tatbestand des § 240 erfüllenden Tatumstände klar zutage. Es gilt aber auch von dem zum subjektiven Tatbestand des § 240 gehörigen Bewußtsein der Widerrechtlichkeit. Denn selbst wenn man unterstellt, daß X. annahm, die Ehefrau A. könne die Herausgabe ihrer Briefe von dem Ehemann beanspruchen, so war er sich doch offenbar darüber klar, daß nächtliches Eindringen in die Wohnung des A. und Erbrechen seines Schreibtisches nicht der rechtlich statthafte Weg war, den vermeintlichen Herausgabeanspruch der Ehefrau A. zu verwirklichen. War sich aber X. darüber klar, daß er durch Wegnehmen der Briefe verbotene Eigenmacht (§ 858 I BGB.) verübte, so ist auch anzunehmen, daß ihm die Rechtmäßigkeit der Wiederabnahmeversuche des A. bekannt war, daß er mindestens mit der Möglichkeit eines „Besitzkehrungsrechts“ (vgl. M. Wolff, Sachenrecht, § 18 II) des A. rechnete. Dies gilt um so mehr, als das Besitzkehrungsrecht des § 859 II BGB.

nach Voraussetzungen und Inhalt im wesentlichen noch ganz in das Notwehrrecht hineinfällt, Voraussetzungen und Inhalt des Notwehrrechts aber allgemein bekannt zu sein pflegen.

6. Weiter hat sich X. der gefährlichen Körperverletzung (§§ 223, 223a I) schuldig gemacht. Dadurch, daß er den A. mit einem Revolver niedergeschossen hat, hat er ihn körperlich mißhandelt oder an der Gesundheit beschädigt, und zwar mittels einer Waffe. X. hat auch widerrechtlich, insbesondere nicht etwa in Notwehr, und vorsätzlich gehandelt. Dagegen liegt nach dem gegebenen Sachverhalt, wenn auch A. erst nach langem Krankenlager wiederhergestellt ist, keine schwere Körperverletzung (§ 224) vor und fehlt ein Anhalt für einen Tötungsvorsatz des X.

7. Es fragt sich endlich, ob X. sich nach § 289 StGB. strafbar gemacht hat. Zwar ist es zu einer vollendeten Wegnahme der Briefe nicht gekommen. Aber X. hat den Entschluß, eine fremde bewegliche Sache, nämlich der Frau A. gehörige Briefe, zugunsten des Eigentümers derselben, nämlich der Frau A., wegzunehmen, durch Handlungen betätigt, welche einen Anfang der Ausführung dieses beabsichtigten, aber nicht zur Vollendung gekommenen Vergehens enthalten (§§ 289 I, III, 43 StGB.). Es fragt sich indessen, ob demjenigen, welchem X. die Briefe wegzunehmen versucht hat, nämlich dem A., ein Gebrauchs- oder Zurückbehaltungsrecht an den Briefen zustand.

Vorweg ist zu bemerken, daß, welcher Güterstand auch unter den Eheleuten A. bestehen mag, auf Grund dieses der Ehemann A. keineswegs berechtigt sein kann, die Briefe in Besitz zu nehmen. Denn die Briefe würden nach allen Güterständen zum Vorbehaltsgut der Frau A. gehören, da die „Vorbehaltsklausel" (Kipp-Wolff, Familienrecht, § 46 I 2b) als mit der Zuwendung der Briefe stillschweigend verbunden anzunehmen ist (§§ 1369, 1440, 1526, 1549 BGB.). Der Ehemann A. könnte zur Wegnahme der Briefe wider Willen der Frau nur auf Grund des § 127 StPO., eines

Selbsthilferechts (§ 229 BGB.), eines Notstands- (§ 904 BGB.) oder Notwehrrechts (§§ 227 BGB., 53 StGB.) befugt seint

§ 127 StPO. scheidet aus. Zwar hat das Reichsgerich. (Entsch. i. Strafs. VIII 288; i. Zivils. LXIV 387) angenommen, daß das Festnahmerecht des § 127 StPO. als das Mindere auch die Befugnis in sich schließe, dem Festzunehmenden Überführungsstücke abzunehmen und diese zu beschlagnahmen. Indessen ist zur Ausübung einer solchen Befugnis erforderlich, daß alle Voraussetzungen des Festnahmerechts des § 127 vorliegen. Es muß also der Täter auf frischer Tat betroffen oder verfolgt sein, und es muß weiter Fluchtverdacht vorliegen oder die Persönlichkeit des Täters nicht sofort feststellbar sein. Da es an diesen Voraussetzungen im vorliegenden Falle durchweg gebricht, kann A. sich für die Wegnahme der Briefe auf § 127 StPO. nicht berufen.

Aber auch die Voraussetzungen eines Selbsthilferechts (§ 229 BGB.) liegen nicht vor. Das Selbsthilferecht zur Wegnahme einer Sache setzt voraus, daß dem sich selbst Helfenden ein „Anspruch" zusteht, zu dessen Verwirklichung auch die obrigkeitliche Hilfe, wenn sie rechtzeitig zu erlangen wäre, die Wegnahme der Sache herbeiführen könnte. Dies ergibt sich vor allem aus § 230 II, IV BGB., wonach im Falle der Wegnahme einer Sache die Zwangsvollstreckung oder der dingliche Arrest zu erwirken ist, widrigenfalls die Rückgabe der weggenommenen Sachen unverzüglich zu erfolgen hat (vgl. auch RGESt. XXXV 405/6). Dem Ehemann A. steht nun allerdings ein — materielljustizrechtlicher — „Anspruch" auf Scheidung seiner Ehe zu. Aber könnte selbst ein solcher „Anspruch" taugliche Grundlage eines Selbsthilferechts sein, so könnte doch zu seiner Verwirklichung die Wegnahme der Briefe nicht angeordnet werden. Ein Anspruch in Ansehung der Briefe insbesondere ein Vorlegungsanspruch gemäß § 810 BGB., den das Selbsthilferecht immer nur verstärken, aber nicht ersetzen könnte (OLG. Dresden, U. v. 14. 1. 1914,

Leipz. Zeitschr. 1914, 1581/2), steht dem Ehemann A. nicht zu.

Erwägenswert wäre dagegen, ob nicht A. die Wegnahme und Zurückhaltung der Briefe unter Berufung auf das Not standsrecht des § 904 BGB. rechtfertigen könnte. Da der Schutz des § 904 zugunsten aller Güter Platz greift, ist nicht einzusehen, warum nicht auch die drohende Unmöglichkeit einer Geltendmachung des Scheidungsklagrechts mit der Folge, daß A. mit der ehebrecherischen Frau weiter zusammenleben und sie unterhalten muß, als ein „drohender Schaden" im Sinne des § 904 angesehen werden könnte. Da dieser Schaden dem A., wenn er nicht die Briefe seiner Frau entzieht, unmittelbar droht, also eine wirkliche Zwangslage schafft, so wird man auch von einer „gegenwärtigen" Gefahr im Sinne des § 904 sprechen können. Daß „Einwirkung" im Sinne des § 904 auch die Inbesitznahme zum Zwecke des Gebrauchs sein kann, wird nicht bezweifelt. Endlich könnte die Ehefrau A. nicht einwenden, daß der dem Ehemann drohende Schaden gegenüber dem ihr aus der Wegnahme und Zurückhaltung der Briefe entstehenden Schaden keineswegs unverhältnismäßig groß, vielmehr eher das Gegenteil der Fall sei. Denn den der Frau aus der Einwirkung auf die Briefe durch den Ehemann entstehenden Schaden, ihre Vorlegung im künftigen Ehescheidungsprozeß mit der voraussichtlichen Folge, daß die Ehe geschieden und Frau A. für den allein schuldigen Teil erklärt wird, ist Frau A. zu dulden verpflichtet.

Könnte danach A. sich für die Wegnahme und Zurückhaltung der Briefe in der Tat auf § 904 BGB. berufen, so bestehen noch geringere Bedenken dagegen, ihm für seine Handlungsweise das Recht der Notwehr zuzubilligen. Der — wie sich aus dem Sachverhalt ergibt — fortdauernde ehebrecherische Verkehr der Frau A. mit X. ist ein gegenwärtiger rechtswidriger Angriff sowohl auf das Recht des A. auf ausschließlichen Verkehr mit seiner Frau als auch und vor allen Dingen auf seine Ehre. Wenn auch nicht den Angriff auf jenes Recht, so doch den Angriff auf seine Ehre wendet A. dadurch ab, daß er die Trennung seiner Ehe mit der ehebrecherischen Frau erwirkt. Da er zu diesem Zwecke aber der Beweismittel bedarf, so ist die Wegnahme der Briefe und ihre Zurückhaltung für den künftigen Scheidungsprozeß allerdings die zur Abwendung des Angriffs erforderliche Verteidigung.

Man gelangt also zu dem Ergebnis, daß dem A. an den Briefen sowohl auf Grund der § 904 BGB., als auch auf Grund der §§ 227 BGB., 53 StGB. ein „Gebrauchs- oder Zurückbehaltungsrecht" im Sinne des § 289 StGB. zusteht. Es ist anzunehmen, daß X. mit der Möglichkeit des Bestehens eines solchen Rechts rechnet, was — wie in anderen Fällen einer auf Rechtsverletzung gerichteten Absicht (RGESt. LV 261) — genügt (so Frank, Nr. IV zu § 289, gegen RGESt. XXI 313). Da endlich X. die Briefe unzweifelhaft mit dem Willen vorweggenommen hat, das — etwa bestehende — Recht des A. zu vereiteln, so hat er auch in „rechtswidriger Absicht" (§ 289) gehandelt und ist also — auf frist- und formgerechten Antrag des A. (§ 289 IV) — wegen versuchter Rechtsvereitelung (§ 289 I, III) strafbar und verfolgbar.

8. X. ist danach wegen qualifizierten Hausfriedensbruches, Sachbeschädigung, Nötigung, gefährlicher Körperverletzung und versuchter Rechtsvereitelung zu bestrafen, Vergehen gegen die §§ 123 I, II, 303, 240, 223, 223a I, 289 I, III, 43 StGB. Es fragt sich, ob diese Delikte im Verhältnis des ein- (§ 73 StGB.) oder mehrtätigen (§ 74 StGB.) Zusammentreffens zueinanderstehen. Zur Annahme eines eintätigen Zusammentreffens ist nicht ausreichend, daß die mehreren Delikte gleichzeitig begangen sind. Vielmehr ist erforderlich, daß die Tätigkeitsakte der mehreren Delikte mindestens teilweise zusammenfallen (Ebermayer-Lobe-Rosenberg, Einl. B IV 4c). Von diesem Standpunkt aus ist anzunehmen, daß die versuchte Rechtsvereitelung, in welcher die Tätigkeitsakte des Hausfriedensbruches und

der Sachbeschädigung aufgehen, mit diesen im Verhältnis des eintätigen Zusammentreffens steht. Ebenso stehen im Verhältnis des eintätigen Zusammentreffens die Delikte der Nötigung und gefährlichen Körperverletzung, da diese mit der Gewalt, welche ein Tatbestandsstück jener ist, zusammenfällt. Dagegen stehen die mit der versuchten Rechtsvereitelung eintätig zusammentreffenden Delikte des Hausfriedensbruchs und der Sachbeschädigung untereinander und mit der mittels gefährlicher Körperverletzung begangenen Nötigung im Verhältnis des mehrtätigen Zusammentreffens. Insbesondere ist mit dem Reichsgericht (Entsch. i. Strafs. XXXII 139/140; LIV 289) die Ansicht abzulehnen, daß alle Straftaten, die ein in eine Wohnung widerrechtlich Eingedrungener während seines unbefugten Verweilens begeht, mit dem Hausfriedensbruch immer eintätig zusammentreffen müßten.

9. Man gelangt danach zu der Schlußfeststellung, daß X.

a) durch mehrere selbständige Handlungen:

α) in die Wohnung eines anderen, nämlich des A., widerrechtlich eingedrungen ist, und zwar indem er mit einer Waffe, einem Revolver, versehen war;

β) vorsätzlich und rechtswidrig eine fremde Sache, nämlich den dem A. gehörigen Schreibtisch, beschädigt hat;

γ) einen anderen, nämlich den A., widerrechtlich durch Gewalt zu einer Unterlassung, nämlich der Wiederabnahme des ihm von X. weggenommenen Pakets, genötigt hat;

b) durch dieselbe Handlung wie durch die Handlungen zu a α und β den Entschluß, fremde bewegliche Sachen, nämlich der Frau A. gehörige Briefe, zugunsten des Eigentümers derselben, nämlich der Frau A., demjenigen, welchem an diesen Sachen ein Gebrauchs- oder Zurückbehaltungsrecht zustand, nämlich dem A., in rechtswidriger Absicht wegzunehmen, durch Handlungen betätigt hat, welche einen Anfang der Ausführung dieses beabsichtigten, aber nicht zur Vollendung gekommenen Vergehens enthielten;

c) durch dieselbe Handlung wie durch die Handlung zu a γ vorsätzlich einen anderen, nämlich den A., körperlich mißhandelt oder an der Gesundheit beschädigt hat, und zwar mittels einer Waffe, eines Revolvers;

Vergehen gegen die §§ 123 I, II, 303, 240, 289 I, III, 223, 223a I, 43, 73, 74 StGB.

10. Für die Strafbemessung ist zu beachten, daß gemäß § 73 die Strafe für die real konkurrierenden Delikte des Hausfriedensbruchs (§ 123) und der Sachbeschädigung (§ 303) nach der Strafdrohung der mit ihnen ideell konkurrierenden versuchten Rechtsvereitelung (§§ 289, 43) zu bemessen ist. Entsprechend ist die Strafe für die Nötigung (§ 240) nach der Strafdrohung der mit ihr ideell konkurrierenden gefährlichen Körperverletzung zu bemessen (§ 223a). Im übrigen ist gemäß § 74 eine Gesamtstrafe aus den nach §§ 289, 43, 223a StGB. verwirkten Einzelstrafen zu bilden. Daneben kann gemäß § 40 StGB. der Revolver eingezogen werden. Außerdem kann A. gemäß § 231 die Zuerkennung einer Buße verlangen.

III. Für die strafrechtliche Beurteilung der Ehefrau A. kommen die §§ 242, 289, 123, 303, 48, 49 StGB. in Betracht.

1. Ein der Ehefrau A. zur Last fallender Diebstahl könnte darin gefunden werden, daß sie die Schlüssel zum Hause und zur Wohnung ihres Ehemanns mit sich genommen hat. Indessen selbst wenn man annimmt, daß diese Schlüssel nicht ihrem Ehemann, sondern dem Eigentümer des Hauses, in dem er wohnt, gehören, und Frau A. daher nicht schon gemäß § 247 II straflos ist, so fehlt doch nach dem gegebenen Sachverhalt jeder Anhalt, daß Frau A. die Absicht gehabt hat, den Verletzten von der Sachherrschaft oder auch nur von dem wirtschaftlichen Wert (vgl. Frank, Nr. VII 2a zu § 242; Olshausen, Nr. 29 zu § 242) der Schlüssel dauernd auszuschließen. Da sonach bei Frau A

eine Zueignungsabsicht in bezug auf die Schlüssel nicht feststellbar ist, entfällt insoweit die Anwendbarkeit des § 242.

2. Auch in bezug auf die Briefe kann nach dem oben unter II 1 und 2 Ausgeführten von einer Anwendung der §§ 242 (und folglich der §§ 243 Nr. 2, 3, 5, 7, 252, 250 Nr. 1, 4), 274 Nr. 1 StGB. gegen Frau A. keine Rede sein. Denn da X. aus § 242 wegen eines Mangels im subjektiven, aus § 274 Nr. 1 wegen eines Mangels im objektiven Tatbestand nicht bestraft werden kann, so kann Frau A. als Teilnehmerin dieser Delikte infolge der akzessorischen Natur der Teilnahme nicht strafbar sein. Sie kann es aber auch nicht als mittelbare Täterin. Denn in bezug auf § 274 Nr. 1 liegt der bei X. vorhandene Mangel im objektiven Tatbestand auch bei Frau A. vor. Und in bezug auf § 242 entfällt die Strafbarkeit der Frau A. schon deshalb, weil für sie die weggenommenen Briefe überhaupt keine „fremden" Sachen sind. Frau A. kann aber auch nicht wegen Teilnahme an der versuchten Rechtsvereitelung des X. (§ 289 I, III) zur Verantwortung gezogen werden, da gemäß § 289 V der § 247 II auf das Delikt des § 289 Anwendung findet und für persönliche Strafausschließungsgründe der die akzessorische Natur der Teilnahme durchbrechende Rechtssatz des § 50 StGB. aus ihrem Wesen folgt (vgl. v. Liszt-Schmidt, § 53 III).

3. Dagegen hat sich Frau A. der Anstiftung (§ 48) sowohl zu dem von X. begangenen Hausfriedensbruch, als auch zu der von ihm begangenen Sachbeschädigung schuldig gemacht, da sie den X. zu diesen von ihm begangenen strafbaren Handlungen durch ihre Bitten vorsätzlich bestimmt hat. Hiergegen kann nicht geltend gemacht werden, daß, wenn sich Frau A. als Täterin oder Teilnehmerin eines gegen ihren Ehemann gerichteten schweren Diebstahls nach § 243 Nr. 2, 7 StGB. schuldig gemacht hätte, sie gemäß § 247 II nicht nur wegen dieses Diebstahls, sondern auch wegen der mit ihm in Gesetzeskonkurrenz (Spezialität) stehenden Delikte des Hausfriedensbruches und der Sach-

beschädigung (RGESt. XL 430; LIII 279) nicht bestraft werden könnte, denn letztere Folgerung wäre irrig. Kann das Strafgesetz, welches zufolge Gesetzeskonkurrenz die Anwendbarkeit bestimmter anderer Strafgesetze ausschließt, nicht angewendet werden, sei es auch aus einem persönlichen Strafausschließungsgrunde, so greifen die bisher ausgeschlossenen Strafgesetze ihrem vollen Umfange nach wieder Platz. Auch wirkt gemäß § 63 StGB. ein von dem Ehemann A. gegen X. wegen Hausfriedensbruches und Sachbeschädigung gestellter Strafantrag ohne weiteres gegen Frau A. Dagegen können der Frau A. weder der strafschärfende Umstand, daß X. bei Begehung des Hausfriedensbruches mit einer Waffe versehen war, noch die von ihm begangene Nötigung und Körperverletzung zugerechnet werden, da aus dem gegebenen Sachverhalt nichts dafür zu entnehmen ist, daß Frau A. auch insoweit die strafbare Tätigkeit des X. in ihren Vorsatz aufgenommen hat. Vielmehr dürfte insoweit ein sog. excessus mandati auf seiten des X. vorliegen. Ebenso scheidet eine in dem Tun der Frau A. etwa liegende Beihilfe zu den von X. begangenen Delikten des Hausfriedensbruches und der Sachbeschädigung aus, da Frau A. der Anstiftung zu diesen Delikten schuldig ist, die schwerere Form der Teilnahme aber die leichtere verdrängt (Verhältnis der Gesetzeskonkurrenz, und zwar Subsidiarität; RGESt. XXXIII 402).

4. Aus der akzessorischen Natur der Anstiftung folgt, daß die von Frau A. begangenen Anstiftungen in demselben Verhältnis des Zusammentreffens stehen, wie die von X. begangenen Delikte des Hausfriedensbruches und der Sachbeschädigung, zu denen sie angestiftet hat (RGESt. III 145; V 227; XXXVIII 27).

Man gelangt danach zu der Schlußfeststellung,

daß Frau A. durch mehrere selbständige Handlungen vorsätzlich einen anderen, nämlich den X., zu folgenden von demselben begangenen strafbaren Handlungen durch ihre Bitten bestimmt hat:

a) in die Wohnung eines anderen, nämlich ihres Ehemannes, widerrechtlich einzudringen;
b) vorsätzlich und rechtswidrig eine fremde Sache, nämlich den ihren Ehemann gehörigen Schreibtisch, zu beschädigen;
Vergehen gegen die §§ 123 I, 303, 48, 74 StGB.

GPSR Compliance

The European Union's (EU) General Product Safety Regulation (GPSR) is a set of rules that requires consumer products to be safe and our obligations to ensure this.

If you have any concerns about our products, you can contact us on ProductSafety@springernature.com

In case Publisher is established outside the EU, the EU authorized representative is:

Springer Nature Customer Service Center GmbH
Europaplatz 3
69115 Heidelberg, Germany

Batch number: 10844627

Printed by Printforce, the Netherlands